山西体育文化丛书

众说我们的青运会

《山西体育文化丛书》编委会　编

山西出版传媒集团
山西人民出版社

图书在版编目（CIP）数据

众说 : 我们的青运会 / 《山西体育文化丛书》编委会编. -- 太原 : 山西人民出版社, 2019.9
（山西体育文化丛书）
ISBN 978-7-203-10993-8

Ⅰ. ①众… Ⅱ. ①山… Ⅲ. ①全国运动会－概况－山西－2019 Ⅳ. ①G812.20

中国版本图书馆CIP数据核字(2019)第145765号

众说：我们的青运会

编　　者：《山西体育文化丛书》编委会
责任编辑：武　静
复　　审：冯　昭
终　　审：秦继华
装帧设计：基因印刷

出 版 者：**山西出版传媒集团·山西人民出版社**
地　　址：太原市建设南路21号
邮　　编：030012
发行营销：0351-4922220　4955996　4956039　4922127（传真）
天猫官网：https://sxrmcbs.tmall.com　电话：0351-4922159
E－mail：sxskcb@163.com　发行部
sxskcb@126.com　总编室
网　　址：www.sxskcb.com

经 销 者：**山西出版传媒集团·山西人民出版社**
承 印 厂：山西新华广告有限公司

开　　本：889mm×1194mm　1/16
印　　张：13
字　　数：250千字
印　　数：1—3000册
版　　次：2019年9月　第1版
印　　次：2019年9月　第1次印刷
书　　号：ISBN 978-7-203-10993-8
定　　价：39.00元

《众说：我们的青运会》编委会

欣逢盛会谱华章

——《山西体育文化丛书》代序

山西省体育局为庆祝中华人民共和国成立70周年，喜迎二青盛会，而精心编撰的《山西体育文化丛书》即将付梓，编辑同志约我作序，我欣然应命。

翻阅厚厚的6册书稿，品读一篇篇情真意切的心血之作，数十年体育历程一时翻腾在脑海之中。

2019年是中华人民共和国成立70周年。就山西体育而言，2019年同样值得骄傲和铭记。这一年，山西体育发生和即将发生诸多大事，其中最让人难忘的是二青会的承办。在共和国成立70周年这个大背景的铺陈下，承办这样一届综合性运动会，既是山西体育界的一大盛事，也是山西人民为国庆70周年奉献的最好礼物。同样，值此时刻，这套锦上添花的系列丛书，也会极自然地被读者看作山西体育人馈赠二青会的珍贵礼物。

众所周知，本届青运会是中华人民共和国成立以来山西承办的规模最大、参与人数最多的体育活动。在体育领域，放眼国内外，本届青运会的项目设置、参赛人数、时间跨度以及各项活动的多元性也是前所未有、首屈一指的。

当下，二青会的筹备工作已进入决胜阶段，纷繁冗杂的事务相互交织，千头万绪。组委会同志负任蒙劳，不遑启处，而我们体育部门的同志又恰恰置身筹备团队的第一方阵。从动议到付梓，丛书出版只有短短3个月时间，按常理，几乎是一个“不可能完成的任务”，但居然完成了。行文至此，我想到我们二青会的筹备工作又何尝不是如此！

在围绕二青会展开的一系列相关活动中，这套丛书的出版是一件极具文化意义和学术价值的事情。当然，囿于时间、经验等方面的局限，加之一些现实原因，丛书在若干细节上还有值得商榷和需要改进的地方。具体到每一篇文章，谋篇布局未必讲究，遣词造句还不尽细腻。尽管如此，体育人的豪迈、赤诚仍跃然纸上。

丛书共6册，分别为《初心与使命——新中国山西体育70年70人》《后二青会时代的体育与城市发展》《三晋体育诗赞》《新声：三晋体育文化大讲堂撷英》《众说：我们的青运会》《风华满三晋——山西全民健身掠影》。

《初心与使命——新中国山西体育70年70人》抒写了山西70位功勋卓著的体育工作者的奋进和情怀。之所以择定70人，我想是为了契合共和国成立70周年这个时间节点。事实上，山西体育在70年的发展历程中，无数同志筚路蓝缕，接续奋斗，为山西体育做了大量工作，这70位同志，只是众多优秀体育人的代表。他们个人的奋斗历程，置于山西体育70年的辉煌史中，其实是一个个铿锵的足印。

《后二青会时代的体育与城市发展》应时应势收录了33篇论文。如果以时间为序把二青会划为三个单元，可以发现筹备期不长，比赛期更短，而赛后乃至未来才是一个较长的时段。二青会结束后，山西体育、山西经济社会如何发展，50多位论文作者未雨绸缪、见仁见智，以二青会的举办为背景和发端，从不同视野和角度为山西社会的未来发展提出了建议，勾画了蓝图。

如果说《后二青会时代的体育与城市发展》一书是围绕一个较为明晰的既定课题结集成书，那么，《新声：三晋体育文化大讲堂撷英》

的主旨就较为宽泛了。近年来，山西省体育局高度重视体育文化建设。两年时间，约请了十余位在体育界及相关领域具有较深学术造诣的专家学者来为山西体育传道授业，指点迷津。此书集成了诸位学人在山西的讲座内容。相信它的面世，必将为山西的体育文化建设提供值得期许的助推。

《三晋体育诗赞》收录诗、词 101 首。作者是十余位德高望重的老一辈体育工作者，他们饱含对山西体育的殷殷期盼和深深祝福，以浓墨重彩的笔触为山西体育摇旗呐喊，击节助威，可以说篇篇锦绣，字字珠玑。

《众说：我们的青运会》呈现的是 40 余位不同身份、不同职业、不同经历，在二青会筹备和举办过程中承担不同工作的平凡人士。他们就是我们身边“熟悉的陌生人”。他们对二青会的诠释就是我们对二青会的解读，他们对二青会的向往就是我们对二青会的期冀，他们对二青会的感怀就是我们对二青会的祝福。二青会之于他们价值诉求、人生轨迹的作用与改变，帮助我们从不同层面对二青会有了全新的认知。

《风华满三晋——山西全民健身掠影》是 6 册书中唯一一本画册，图文并茂，印制精美，通过大量生动写实的图片向读者展示了山西人民精彩的“体育人生”。习近平总书记指出：“没有全民健康，就没有全面小康。”当下中国，大众健康已上升至实现民族复兴、增进人民福祉的国家战略层面；今日山西，群众的健身自觉已然形成，健身热情空前高涨。该书正是山西人民向往健康、投身健身的真实写照。

上马击狂胡，下马草军书。在挥汗如雨筹备二青会的关键时期，在戎马倥偬的非常时段，大家能争分夺秒完成丛书出版，我作此序，权作致敬、致谢——感谢这套丛书全景式展现了山西体育的奋斗历程和建设成就。

最后，希望读者看完丛书后，还愿意什袭典藏。是为序。

山西省体育局党组书记、局长 赵晓林

2019 年 7 月

人文体育盛会的生动实践（代序）

龙城太原披着盛装即将迎来中华人民共和国第二届青年运动会，大街小巷、文体中心、大中小学校处处洋溢着节日的气氛，人们茶余饭后和街头巷尾谈论的都是二青会的话题，空气中弥漫着浓郁的欢快节日味道。各行各业涌现出了服务二青会、奉献二青会的热潮，一桩桩一件件平凡而伟大的义举令人感动，一座古老的城市在二青盛会中焕发出了勃勃生机，正敞开热情而温暖的怀抱迎接来自四面八方的客人。

“山西体育文化丛书”之一《众说：我们的青运会》令人印象深刻，本书记录了40余位不同身份、不同角色、不同岗位二青会工作者的点点滴滴，他们来自祖国的四面八方，为了一个共同的目标二青会，汇聚到龙城大地为盛会默默奉献。这些“小人物”为二青会的顺利召开做出了卓有成效的工作，有的是二青会会徽设计者，有的是最美社会体育指导员，有的是二青会剪纸设计者，有的是微电影创作者，还有的是教练员、医务工作者、安保人员、工勤人员——每个鲜活的人物背后都有一段不平凡的故事。追求卓越和拥抱完美是他们每一个人的梦想和理想，他们在各自的服务岗位上精益求精和无私奉献，那种奉献精神、那种牺牲精神、那种敬业精神着实令人感动和敬佩。他们以平凡的举动诠释了最美中国劳动者的光辉形象，在“众人划桨开大船”中汇聚成了二青会的磅礴力量。我不禁感慨，他们才是二青会的顶梁柱，他们才是这场盛会的主人。

当下，人文体育是热门概念，大意是倡导在体育盛会和体育赛事中，注重追求人文元素、社会文化元素和人文精神内涵的建设，重视体育在日常生活、生命和人类生存中的意义和价值。二青会筹备以来我们的所见所闻，以及《众说：我们的青运会》中记录的真实故事，让我们深感本届运动会在人文体育方面倾注了大量心血和汗水，组委会十分注重弘扬三晋文化精神，无论是会徽设计，还是吉祥物遴选，都渗透着浓郁的三晋文化的韵味和美感，彰显了古老三晋文化的深厚底蕴，反映了三晋文化内蕴的强大吸引力和感召力。一场盛会激活了一座城市，从平凡人物的激情中，从龙城市民的兴奋中不难看出，体育正在改变他们的生活，二青会正在改变他们的生活方式、思维方式和生命理念，他们自发参与了各种各样的社会体育活动，自觉调试着体育和生命的二重奏，人民的生活因体育而更美好，生命因体育而更健康，生存因体育而更温馨，这应该是体育运动最大的价值和意义，也是人类从事和加强体育运动的初心所在。如此看来，本届二青会的意义非同一般。

言之无文，行而不远。《众说：我们的青运会》就是一座城市人文体育实践的忠实记录者，假以百年时日，我们的后人，会从这本书中看到古老城市的变化、人的变化和生存观念的变化，有了这些，再多的付出、再多的汗水和辛劳都是值得的，都会化作一系列美好的祝福和希冀而永驻历史的天空。感悟顿笔至此，聊以为序！

太原师范学院副院长、文学院院长、教授、博士生导师　薛晋文

2019 年 8 月

目录

苏翊鸣：一鸣惊人的山西“冰雪王牌” / 001

芦峥、芦嵘：坚定、自信的冰雪兄弟 / 007

高峰：总在挑战另一峰 / 012

佘艳丽：最美社会体育指导员 / 016

吴艳：传播运动与艺术之美 / 019

张敏：花绳上跳动的青春 / 023

陈翊君：二青会会徽设计者 / 027

张多堂：二青会剪纸设计者 / 033

孟晋林、庞秀峰：你是我眼里最美的“青圪蛋” / 038

薄慧娟：探寻二青会的“专属基因” / 043

王振国：用电影叙述山西，向外界发声 / 048

王文亮：山西小女足二青会夺冠背后 / 051

黄刚：那次高空速降，一生荣光…… / 056

王磊：从“光杆儿司令”到金牌教练 / 061

王强：坚持 16 年，终创奇迹 / 067

杨拴明：助力二青，挑战吉尼斯世界纪录 / 073

张皓然：弯弓展翅，助力健儿追逐梦想 / 077

赵建峰：与二青会同框，为二青会加油 / 083

王晶：二青会冬季项目的“运动员管家” / 088

王晶晶：玩转体育的“跨界”医生 / 093

荣丽婷：礼仪让我更美丽 / 098

南小飞：拼搏的青春最出彩 / 102

韩利萍：我们都是追梦人 / 108

郭蓉蓉：从绿果路到“红灯笼” / 114

高鲁豫：在二青会留下自己的“痕迹” / 119

樊超：重返青运会赛场，圆一个奖牌梦 / 124

冯亚平：“幸运”的世界冠军 / 130

陈潇潇：聚是一团火，散是满天星 / 134

张涛：自行车就是生命 / 139

18 位“硬核”老人：手绘路线骑行全省 108 个县 / 143

马毅豪：大海中的弄潮儿 / 147

王贤伟：应急保障的幕后英雄 / 152

潘文俊：赛欧安保第一道屏障 / 156

阎宾：日夜守护，只为盛会平安举行 / 161

梁婧：奇思妙想的二青会志愿者徽设计者 / 165

韩晓芳：站好最后一班岗 / 170

最荣耀的是给孩子们上了一堂二青会的课 / 173

二青会火炬塔设计总监黄凯和他的团队 / 177

郭向南：用青春讲好山西故事 / 182

李文辉：设计“盛世宝鼎”底座，为二青会留下永恒记忆 / 186

专访山西释艺文化交流有限公司董事长张海龙 / 190

苏翊鸣：一鸣惊人的山西“冰雪王牌”

作为首次设立冬季项目的综合赛事，二青会上精彩的冰雪竞技让人们大饱眼福。而作为山西体育军团代表的年仅 15 岁的单板滑雪小运动员苏翊鸣，凭借自己精湛的技艺艳压全场，分别获得单板滑雪大跳台和坡面障碍技巧冠军，为山西赢得了两块金牌。小小年纪的他，已成为山西体育当之无愧的“冰雪王牌”。

崇尚自由的潮流少年

由于苏翊鸣近期在日本训练，记者只能通过视频电话对其进行采访。接通视频那一刻，记者眼前出现了一个顶着一头卷曲长发的小男孩，颇有几分潮流少年的艺术范儿。稚气未脱的清瘦脸庞上一双单眼皮的细长眼睛，笑起来十分率真可爱。当记者问他为何不像其他绝大多数男运动员一样理成比较利落的寸头而要留这种打理相对费力的长卷发时，他说他们这个项目对头发并没有专门要求，而他自己就颇喜欢现在的长发造型。其实他所从事的这个单板滑雪项目本身就是从街头休闲项目演变而来的，本身就是凸显自由和个性的。他说自己从 4 岁接触单板滑雪以来，便一直对这个项目保持着强烈的热爱。对他

而言每次训练不是辛苦反而是享受，每次从雪坡滑行飞起他都感觉自己像一只自由自在的小鸟在天空中翱翔，这种美妙的体验让他每次都激励自己做到更好。如今他是中国第一个在雪上做出 Fs double cork 1080 及 Cab double cork 1080 的人。这也是目前国内运动员的最高难度动作。据了解，目前全世界能完成这一动作的也仅有三人，而他则是三人中年龄最小，潜力最大的。

最受瞩目的天才选手

苏翊鸣是东北吉林市人，父母都是单板滑雪爱好者，从 4 岁起他便在父母的指导下进行训练。优秀的天赋基因加上坚韧不拔的良好品质，他的滑雪技术日臻纯熟，6 岁的时候就已经可以玩坡面障碍和大跳台了，7 岁就开始参加全国比赛，9 岁时凭借高超的技艺成为全世界最大滑雪品牌 Burton 公司的赞助滑手至今。他还与国内众多顶级滑雪高手参演了多部滑雪纪录片，并到新西兰、日本、美国、瑞士、瑞典、加拿大等地参加专门的滑雪训练。2018 年 11 月份，国家体育局仲文局

长亲临训练场地看望并慰问了训练中的他。2019 年 1 月，习近平总书记在首钢国家冰雪训练基地慰问备战冬奥会的国家队运动员时，还特意亲切地询问苏翊鸣的身体情况和训练情况，并为他加油打气。2 月，国务院副总理孙春兰在崇礼云顶滑雪场同样慰问了还在二青会比赛中的苏翊鸣，并询问了他的训练情况，鼓励他刻苦训练，再创佳绩。

受到如此重视的苏翊鸣果然不负众望，他用一系列耀眼的成绩予以回报：获得中华人民共和国第二届青年运动会 Big Air（单板滑雪大跳台） 第一名 及 Slope styler （坡面障碍技巧）第一名；获得韩国 Fls 国际雪联积分赛大跳台 Big Air 第一名；并且在 Big Air 19 赛季全国锦标赛、Big Air 19 赛季 U18 青少锦标赛、nitro 新星赛等多项比赛中均获第一名。

技压赛场的小运动员

“101 号，苏翊鸣，山西省体育局——”随着一声语音播报，一个轻盈的身影踏着滑板从雪坡上缓缓滑出，渐渐地，他的速度越来越快，越过障碍物，越上陡坡，然后从陡坡边沿腾空飞起，像一只在天空中恣意翱翔的小鹰。随着三个漂亮的飞身旋转，天空中划过三条优美的弧线，之后苏翊鸣平稳落下，犹如一只优雅着陆的天鹅。全程干净利落、一气呵成，让人叹为观止。“Yeah！太好了！……”现场随即响起一片中英文交叠的喝彩声。

这个赛场上夺目的单板滑雪小将正是苏翊鸣，他以94.83分的超高成绩问鼎单板滑雪坡面障碍技巧项目男子组冠军。由于他的加入，此次二青会冬季项目中山西军团也格外荣光。他参加了两个项目就捧回了两块金牌，不辱使命地完成了山西的重托。苏翊鸣坦言，比赛首日，天气很好，他的状态非常好，第一跳就轻松拿下最高分。然而第二天，天气急转，又是刮大风又是下大雪，他的状态受到了影响，在首轮比赛中第一个障碍上就失误了。此时的他心理压力有点大，便在中场休息时自己寻找办法调节状态。他在休息室听着舒缓的音乐玩了一会儿手机，又躺下来调整了一会儿后，状态又慢慢回来了，于是自信地踏上第二轮比赛的征途。不出意料，此次他的表现果然非常优秀，顺利地完成了所有动作，以高出第二名十几分的压倒性优势轻松夺冠。而这一天，2月18日，正好是他15岁生日，他说这是他给自己最好的生日礼物。

积极认真的全能王牌

苏翊鸣除了卓越的体育才能外，在艺术方面展现出来的才华也让人惊叹。早在8岁时，他就因为优秀的滑雪技能获得了参演电影的机会，在2014年公映的票房大片《智取威虎山》中扮演精通滑雪、机灵勇敢的“小栓子”，给观众留下了深刻的印象。此后，他凭借自己出色的能力又接连出演了《生逢灿烂的日子》《林海雪原》《狼殿下》等多部电影。其在音乐方面也颇有造诣，弹的一手好吉他，因而在电影《摇滚小子》中出演主角，并用自己清亮稚嫩的童音演唱了剧中歌曲《妈妈》。而由于在片场拍戏时的认真坚韧肯吃苦等优秀品质，他受到了导演徐克、演员张嘉译、张涵予、佟丽娅等众多明星大腕儿的欣赏和喜爱。

对于未来，苏翊鸣说自己还小，人生有无限可能，他并没有将自己限定在某一领域。但有一点他非常肯定，那就是无论在哪个行业，他都会以最积极认真的状态去全力以赴。

被问到为何会选择加入山西队时，苏翊鸣笑了："因为我喜欢山西的氛围，喜欢这里为我打造的专业的环境，喜欢这里能给我提供特别大的保障，能让我放下一切担心全力以赴往前冲。我爸还告诉我说山西传承了晋商诚信重义的精神，跟我们之前的几次合作都是说到做到，非常讲信用，所以我愿意加入山西体育大家庭。我相信，我和山西有特别大的缘分，加入山西，我可以得到更好的训练和保障，获得更大的发展。"而全程安排苏翊鸣参加二青会训练、比赛的山西省体育局冬季项目负责人黄海宏则告诉记者："这个孩子小小年纪所表现出来的自律和成熟、刻苦训练和良好心理都让人惊叹不已，这样的运动员其潜力是无穷的。我们山西体育局为能拥有这样优秀的运动员而骄傲，作为山西的'冰雪王牌'，下一步还有冬全会、冬奥会等重要赛事期待着他的佳音。"

苏翊鸣，一如他的名字谐音一般，正通过踏实的努力持续实现着自己人生中的一个个"一鸣惊人"……

孙耀星

芦峥、芦嵘：坚定、自信的冰雪兄弟

与冰雪兄弟约好的采访一推再推，短短几天他们辗转多地，比赛和训练排满了行程表，最终只能通过视频聊天完成远距离的采访。电话接通，同屋男孩子们的玩笑打闹一直是“背景音乐”。

双胞胎兄弟芦峥、芦嵘出生于2001年，作为哥哥的芦峥虽然说不清比弟弟早出生多久，但他一直担当着“新闻发言人”角色。从山西汾阳走出来的哥俩儿，自从进入吕梁市体育运动学校后，体育就成为他们发展路上的关键词，但是从竞走“玩转”到越野滑雪，却是所有人未曾想到的。

体育之美在于拼搏

手机视频里的兄弟俩，虽然还有1个月才到18岁，但个头已蹿到1.8米，匀称的身材、健硕的肌肉、健康的肤色，一看就是运动员的料儿。聊天中，由于“背景音乐”有点乱，身为“新闻发言人”的芦峥一声“安静点”，立刻发挥效应。

2014年9月，刚刚小学毕业的芦峥、芦嵘因为出色的身体条件，考入吕梁市体育运动学校，从此走上了体育职业化的发展道路。谈及为何会上体校，芦峥有些腼腆但十分自信地说：“上小学的时候，我们兄弟就是学校的体育健将，尤其是长跑。体校的贾教练也是看中我们的身体条件，选中我们从事竞走项目的训练。”

“竞走是从日常行走的基础上发展出来的运动，比赛时支撑腿必须伸直，从单脚支撑过渡到双脚支撑，在摆动腿的脚跟地面接触前，后蹬腿的脚尖不得离开地面，以确保没有出现‘腾空’。”对于从事了三年多的体育项目，如今说起来，兄弟俩仍是滔滔不绝，体育术语一个接着一个。

师从贾吉山教练的几年间，对于竞技体育，芦峥、芦嵘从一张白纸慢慢地入了门道，也明白了体育之美关键在于拼搏，无论训练还是比赛都异常努力。2015年2月，他们成为吕梁体校竞走队成立的首批队员；2016年10月，双双被输送至国家竞走少年队西安体院基地（现为中国竞走学校），比赛成绩已进入同年龄组的前10名，未来可期。

正当竞走成为奋斗目标时，一场跨界选材活动，将兄弟俩带入了另一个世界。

神奇的冰雪世界

“我们本来以为是去玩的，没想到玩着玩着就被选上了，滑雪挺有意思的。”2017年11月，为加强田径中长跑、竞走项目人才梯队建设，并为备战2020年东京奥运会和2022年北京冬奥会发现和培养人才，国家体育总局田径管理中心在全国选拔了近300名运动员，经过为期一个月的集训以及滑雪项目专项选材测试后，共有82名运动员入选国家越野滑雪队跨界跨项组试训，芦峥、芦嵘名列其中。

随后，他们又在冬季运动管理中心的组织下，在新疆开展试训，最终通过考核，成为国家越野滑雪队正式队员，备战2022年北京冬奥会。从300人中选拔82个人，再到通过试训考核的30人，一路的过关斩将并没有给兄弟俩带来许久的愉悦，面对神奇的冰雪世界，谈及这场改变命运的试训，他们总觉得就像做梦一样。

“去新疆的时候，我们压根儿没想着能入选，也就是抱着滑滑雪、玩玩的心态去见识一下，之前连滑雪场都没去过，更不知道越野滑雪究竟是干什么。”至今，兄弟俩都没明白教练从他们身上看到的滑雪运动员具备的素质——“雪感”究竟是什么样，但听到当时带队的孟教练说训练成绩好，就有望参加2022年冬奥会时，想着能代表家乡、代表祖国出战，兄弟俩当即决定投身于神奇的冰雪世界。

见证了兄弟俩一路的发展，吕梁市体育运动学校的高海霞老师十分欣慰。虽然如今一年都难见一面，但平时微信电话也联系不断。赛场上的两人自信霸气，有种舍我其谁的精神，但生活中依然像个孩子。“他们上体校时只有十二三岁，每天训练十分辛苦，他们都能认真完成。一分耕耘一分收获，赛场上的成绩都是用汗水换来的。”高海霞赞许地说。

国在心中，路在脚下

6月2日是周日，清早5时许，芦峥、芦嵘和平时一样，早早起床开始6公里的晨跑。晨跑后，又绑着沙袋进行了拉伸运动和一些速度训练，一直忙到8时许，兄弟俩终于迎来难得的休息日。于是，两人立刻从教练那儿领回手机，和父母远程连线，汇报近日的训练战果。

自从成为一名越野滑雪运动员后，兄弟俩的足迹已走过新疆、陕西、内蒙古、吉林等多个省市，还前往俄罗斯、芬兰等国家训练或比赛。

见识到高手比赛的激烈和精彩后，他们深深爱上了这项冰雪运动。

短短几个月，两人已经完全上手，开始参加比赛，并交出了一份不错的成绩单：2018 年 12 月，第二届中俄冬季青少年运动会越野滑雪比赛中，芦峥与另三名队友获接力项目亚军；2018 年～ 2019 年全国越野滑雪 U18 精英赛中，芦峥、芦嵘双胞胎兄弟与来自贵阳市的杨华凯、杨华志双胞胎兄弟联手夺取 4 × 5 公里接力赛季军；在第二届青年运动会越野滑雪甲组男子团体短距离双人接力赛中，芦峥、芦嵘奋力拼搏，获得了第四名的好成绩，为家乡争了光……

“当时一同入选的 30 名运动员中，因为各种原因，目前仅剩下十余人。越野滑雪训练确实很辛苦，前段时间我的腰受伤，整整中断训练一个月，但是每天看到优秀的运动员那么辛苦地训练，我们决定奋战到底，不仅参加‘二青会’为家乡争光，下一步还要争取站到 2022 年冬奥会的赛场上，为国争光！”

对于运动员来说，逢年过节能和家人团圆是一种奢望，芦峥、芦嵘也不例外。在外征战多年，兄弟俩也愈加成熟，每次和父母视频连线时，总是报喜不报忧。忙完“二青会”的比赛后，兄弟二人回家休整了一段时间，趁机和父母以及体校教练聚一聚。“教练说了，我们马上就要进入备战冬奥会的封闭集训了，估计得有一年半载不能回家了。”说到这些，原本热闹的聊天突然安静了。

一个多小时的视频采访中，芦峥、芦嵘表现出来的坚定、自信令人欣赏。刚刚在“二青会”越野滑雪赛场上绽放英姿的大男孩，正在用自己的努力和汗水，迎来 18 岁的生日，更将带着家人和家乡人的殷切希望，走向 2022 年的北京冬奥会！

郜　蓉

高峰：总在挑战另一峰

高峰筹建的山西极限运动中心，是民营资本和政府在体育事业上合作的典范。二青会上，极限运动中心将承办滑板、自由式小轮车比赛。

民营企业家高峰的个人发展之路，也充满“极限式”挑战。先是从事工业 30 年，然后兴办农业，随着二青会的脚步，他跨行业投身体育界。现在，教育产业又成为他的新梦想。

细节，细节，还是细节

未见其人，先闻其事。

采访前，给高峰打电话，他没接。心想——看到陌生号码，不予理睬？没一分钟，高峰回过短信：“正开会，稍后电你。”晚些时候，他如约来电。

高峰下属齐雪，在往山西极限运动中心走的路上，聊到高总的几个小片段：他爱“玩失踪”，找啊找啊，总在地里找到他，不是在修理树，就是在拔草，躬亲农事。场地即将迎来首场赛事，事多且杂，每晚9点多，大家才能从现场离开。有一晚，10点多了，高峰打着手电出现在场地卫生间，然后在工作群里晃动着身影质问，为什么有的设施还没处理到位？对细节的讲究和把控，是他一贯风格。

山西极限运动中心，坐落在阳曲县大盂镇“营响未来千曲国际教育营地”内，占地面积20亩，包括攀岩、滑板、自由式小轮车场地，由山西桦桂农业科技有限公司自筹资金建设。高峰是该公司董事长。

“极限运动场地没有固定模式，讲求突出个性。我们从零开始学，与不同部门沟通论证，2019年1月正式拿到方案，2月18日投入施工。”当时，阳曲的土层还没有解冻，施工队伍白天晚上连轴干，因为前期准备充分，进展顺利。“依据场地自然属性及现有环境，在保持生态完整性和可循环的基础上，经过100多个日夜，做了近百万方土石工程，种植树木4万余株，铺设近30万平方米草坪，修建6公里高标准道路。5月20日具备使用条件。”

设计，施工，国际一流

自由式小轮车场地，滑板街式、碗池运动场地，在山西为首次建设，填补了山西没有正规、标准极限运动场地的空白。

“聘请到国内一流专业规划设计团队‘深圳沸点’，按照国际标准设计。建设方面，请到美国弧龙滑板公园公司专业团队，对技术要求最高的‘碗池’面层施工，成为全国最先进的滑板比赛场地之一。”

5月28日、29日，2019年中国BMX自由式联赛首站比赛，在场地举办；5月30日、31日，二青会BMX自由式项目预赛举办；6月18日、19日，二青会滑板项目测试赛举办。“运动员、教练员评价，山西极限运动中心是国内一流场地。很多细节，我们还在不断完善，其设计施工水平，在国内能超过的不多。”

建设二青会极限运动比赛场地，可以算高峰营地教育的“副产品”。

2018年，全国户外青少年营地培训中，高峰偶然接触到营地教育，耳目一新。“营地教育起源于美国，已有150多年历史，是基于营地的一种创新教育形式。营员通过在营地的生活和体验式活动，有目的地玩儿和深度探索自己。”一经“启蒙”，高峰就喜欢上了这一新兴教育模式。

被打动就行动。在营地教育上，高峰已经投入一个亿，“是个人兴趣，也是个快乐产业，对社会、对孩子都有帮助”。因为要申请全国青少年户外营地，2018年9月，高峰给山西省体育局汇报，“正好二青会极限运动寻找场地，体育局一听我们的想法，很契合。山西极限运动中心，顺势在营地落户。”

爱，自然，唤醒，成长

起心动念，都是一个缘。

1989年，大学毕业后，高峰成立山西高科耐火材料股份有限公司，投入工业战线。2004年，厂子从晋源搬到阳曲。“隔壁是一块闲置用地，撂荒10年，我就组建了农业公司，历时3年建成现代农业生态园，以优种肉羊养殖为主，做现代循环的科技农业。”羊舍光伏发电，羊粪加工成有机肥，种植绿色苹果。

营地教育，以自然教育和体育教育为特色，“与我们已有的农业项目投契，讲求大场地、大场景，自然的优美环境”。营地是没有围墙的学校，营地教育是无边界教育，“通过两年多的参观，思考，教育行业成为我的新兴趣点。现在的孩子离自然太远，尤其城市孩子，他们与自然割裂后，五感都退化了”。

作为新兴教育产业，营地教育是对学校和家庭教育的有益补充，是阳光下的教育，“让他们回到户外生活，变得更加坚韧，学到更多生命及自然的意义”。孩子们在营地体验式学习，接受生存、生态、生命教育，“在富有经验的教练指导下，培养他们的领导力、团队协作力、冒险精神、探索精神，把很多自我设限的不可能变成可能，并且会影响孩子终身”。

“那些感受大地之美的人，能从中获得生命的力量，直至一生。”美国作家蕾切尔·卡逊在《寂静的春天》里写道。高峰也推崇来自土地的美，爱、自然、唤醒、成长，是“营响未来”的营地价值观。

自然，体育，先天融合

高峰从小喜欢足球，一直踢到大学校队。由于二青会的机缘，接触体育后，高峰眼界大开，山西省体育局赵晓春局长提出的“中国自行车运动产业，应该抓住5G时代机遇，探索互联网＋骑行新模式，打造智能自行车运动产业新生态圈”让他怦然心动。我们“还有500亩林地，我们与北京体育大学合作，设计成山西最大、功能设施最全、适合所有骑行爱好者的智慧越野自行车公园。项目执行快的话，今年就能完工”。

后二青时代，已经在高峰的规划之内：山西极限运动中心作为自由式小轮车、滑板、攀岩极限项目队伍驻训基地，为各极限运动队备战全运、奥运，提供日常训练、食宿等综合性服务；在承接各类极限项目赛事基础上，拓展青少年极限运动教育，普及极限运动项目，将极限运动中心打造成集教育、研学、竞技、赛事、培训、休闲为一体的体育商业服务综合体；组建高水平俱乐部，聘请国际教练，促进山西极限运动高质量快速发展。

把体育更好融入营地教育，也是高峰的未来行动方向。“美国有12 000个营地，中国属于起步阶段，100个不到。我希望为孩子们多做点儿事，利用自然＋体育优势，帮助青少年的体力、智力获得成长。”营地教育还在摸索中，可以涵盖艺术、游戏、演讲、手工、农业劳动等，“很多东西都能融进来”。

陈辛华

佘艳丽：最美社会体育指导员

秧歌，在许多人心中，似乎很土、很俗；广场舞，和“大妈”们又如影随形。不过，这两种健身运动，却被舞蹈专业出身的佘艳丽演绎得分外精彩，十多年来，她醉心于健身秧歌和广场舞，带领更多人走上了健康之路。不久前，她被评为山西省首届“十佳”最美社会体育指导员之一。

从舞蹈转行社体

1980 年出生的佘艳丽五官立体，与演员袁泉很像，她有一张极富感染力的笑脸，人群中很打眼，牙齿洁白，睫毛弯弯，身上充满蓬勃

的朝气，尤其是在她带领大家跳广场舞时，总能散发出一种青春能量，一种快乐元素，令人沉浸其中。

佘艳丽现在是国家二级社会体育指导员、山西省健身秧歌一级教练员、运城市广场舞健身协会总教练。

之前，她可是小有名气的舞蹈演员。经过专业舞蹈学习，她的理论和教学指导经验丰富，曾经作为主要演员，多次与戴玉强、宋祖英、郁钧剑、李谷一等艺术家合作，参加央视《感动中国》《欢乐中国行》等大型综艺节目；与总政歌舞团合作，到多地慰问演出；多次赴香港、澳门参加庆祝回归大型文艺演出；代表广东省参加全国群星艺术展演，获得业内专家一致好评，可以说，是舞蹈界一颗冉冉升起的新星。

结婚生子后，她渐渐从舞坛退出，并爱上了更接地气的健身秧歌和广场舞，成为一名社会体育指导员。十几年来，她致力于运城市的健身秧歌和广场舞教学，曾率队参加 2018 年省运会健身秧歌比赛，并获得规定套路第七名、自选套路第二名的好成绩。同年，在山西省“美丽乡村”广场舞总决赛中，获得特等奖，代表山西省参加全国广场舞总决赛并取得优异的成绩。

为公益更为健康

十多年来，佘艳丽一直坚持锻炼，并热衷体育指导员工作，常年坚持下基层、进社区、去乡村，为广大体育健身爱好者做辅导，义务教大家练习广场舞，运城市 22 个乡镇、100 多个社区、297 个乡村，都有她的身影。

佘艳丽说，做这种公益活动，不能想着赚钱，很多时候还得贴钱。不仅如此，她还需要自己钻研健身秧歌和广场舞的步法和套路，保持舞蹈的新意和活力，很辛苦。“社会体育指导员的称号很神圣，有特殊的社会地位，忙忙碌碌，分文不得，可忙得有意义，很充实。”

对于佘艳丽来说，社会体育指导员工作是“真爱”，是一件特别有成就感的事情。在她的带领下，一位办公室工作的“亚健康”大姐，身体各项指标恢复正常；一位婚姻不幸的阿姨一扫心中阴霾，重新焕发生机；一位爱打麻将的朋友爱上了体育，更加开朗了……热情的佘艳丽总是受到很多人的欢迎，大家总对她说：“快来给我们上课吧！”“我们这里需要你！”

在她的影响带动下，越来越多的人投入到体育锻炼中，越来越多的人感受到健身的魅力。普及全民健身，让更多的人身心愉悦，这是佘艳丽做公益的根本目的，也是她最值得骄傲的事情。

二青会领舞青春

2019 年 5 月 6 日，二青会实体火炬传递第四站在盐湖区盐池观景台启动，70 万盐湖人民共同见证了这一庄严而幸福的时刻。

热情洋溢、炫彩律动的文艺表演拉开了起跑仪式的序幕，其中，广场舞《点赞新时代》点燃了全场观众的热情。在这个节目中，作为领舞的佘艳丽及其他成员身着艳丽服饰，在阳光下，舒展身心，和拍起舞，与台下所有的观众形成互动。现场立刻变成了大型舞蹈广场，人们载歌载舞，在欢乐的海洋中，每个人的脸上都展现着对美好生活的向往，用热情的歌舞为二青会火炬的传递增色添彩。

二青会即将举行，佘艳丽的热情也越来越高。健身事业任重而道远，她用身体力行告诉人们，健身秧歌和广场舞也一样可以很美丽！营造全民健身的氛围，让更多人爱上运动，喜欢健身，是佘艳丽不变的追求。她说：“二青会的主题口号是‘青春的约会，拼搏的舞台’，我将一直拼搏，带着更高更快更强的体育精神，投入到体育指导工作中。”

张晓丽

吴艳：传播运动与艺术之美

吴艳和太原，在一年多时间里，几乎是“一日情缘”。坐最早一班高铁，从北京到太原，碰头、开会、讨论，看现场，赶个末班车再回北京。

作为总制作人，吴艳在太原制造一场接一场的精彩：山西省第十五届运动会开闭幕式、《锦绣之旅》太原长风商务区楼体秀、第二届全国青年运动会开闭幕式。山西文化，青春风貌，几场大型表演，她把这些元素散播到太原的日丽风清里，传递出山西人“新时代，我奋斗，我幸福”的精气神。

放大山西文化元素

2018 年 8 月 8 日晚，山西省第十五届运动会开幕式演出在山西体育中心红灯笼体育场激情上演。演出以“奋斗新时代”为主旋律，分“序章”“少年中国说”“时代新人行”“民族复兴梦”和“表里新山河”五个篇章，通过地面、舞台、空中三维立体艺术呈现，将山西气质元素与国家体育精神融合。

这场开幕式演出的主创团队，就是北京锋尚世纪文化传媒股份有限公司（简称锋尚文化），吴艳担任总制作人。省运会落幕，吴艳及其团队立即投入二青会开闭幕式的创作，“省运会就是二青会的一次带妆彩排和实战演练”。

勘察场地，采风，策划，“山西文化底蕴丰厚，可以挖掘的东西很多。比如非遗，传统形意拳、威风锣鼓等，这些都能整个课题了”。“二青会”，要把青年和运动结合起来，开幕式既体现传统文化，又得有现代气派，相得益彰。“青年人，能全面知道山西优秀文化的少，我们给大家做一些展示和梳理，把传统的用现代表达。”

省运会开幕式，用到 120 面国家级“非遗”威风锣鼓，以影像技术将山西最有代表性的太行山、黄河壶口、长城和汾河加以展现。“太原传统剪纸展示的山西风光，那么美，山河景致如画。山西文化元素，在二青会开闭幕式上会更加放大。”

全情投入筑作品

锋尚文化有个理念，叫“人品筑作品，作品传人品”，公司总设计师及艺术总监沙晓岚也有个理想，“让空气中都充满色彩”。

吴艳说，每个项目，一群人努力才能达到成功，“细节决定成败。做艺术性工作，全情投入很重要，有感情有激情有热情，效果才能最好”。锋尚文化做了很多大型活动，曾参与 G20 杭州峰会大型水上情景表演、2018 青岛上合峰会文艺演出、北京奥运会开闭幕式、平昌冬奥“北京

8分钟”表演等。

吴艳入行20多年，资历深厚，打造了多个标杆式作品。“成功的项目，都有共通性，得益于细节把控和团队合作。”每次来太原，都是吴艳的头脑风暴时间，“二青会开幕式每一幕的主题、表演形式，用到哪些体育及文化元素，都得论证。团队内部也不断PK，碰撞出火花。团队有一个特点，只要想到了，论证过了，就要完美实现”。细节一步步订正，服装、音乐、道具、舞美等各个制作工种出方案，然后再论证，“团队主创一百多人。做大型活动，重要的是对接反馈，快速判断”。

很多国家级项目的成功操作，使吴艳团队能够在竞标中胜出，拿到二青会开闭幕式。“经过省运会实操，我们把运动和艺术相结合，让大众体会到了美，体会到了运动激情。还有，我们对场地，对山西文化元素，对山西气候，都比较熟悉。”

技术艺术完美对接

二青会开幕式，展现中国气派、山西特色，通过技术与艺术的创新，打破传统。

“主题突出新时代新青年。2019年是五四100周年，新中国成立70周年，开幕式涵盖了爱国主义，展现人们的奋斗风貌。今年也是习大大视察山西两周年，山西新发展也是重要展示元素。”开幕式还将加大山西特色优势体育项目的展现，“经过艺术化处理，科技化包装”。

开幕式演员，继续与高校合作。省运会开幕式上的一件事，让吴艳念念难忘。“很多高中生大学生，第一次参与这种大型活动。七八月的天，气温高、阳光烈，中暑的发烧的摔伤的，有很多，但他们一直坚持。太原‘担复兴大任，做时代新人’活动开展以来，青年人力量勃发。”平衡车表演环节，一个孩子的平衡车坏了，“他一直跑着，几分钟时间，他一直跟着做动作。如果他退场，我们也不会说什么，但他就那样坚持着，让我特别感动。孩子们太可爱了，这是来自精神的力量。”

演出总制作人的职责，就是从品质上把控全局，方方面面全程参与，

"从艺术创作、策划、实施，到最终完成，每个环节都要投入，直到把一台完整作品交给观众检阅"。

热爱付出都是本心

吴艳的日常状态：每天 9 点多到位，开一个又一个会，不断与各种人沟通，睡觉在凌晨 1 点多 2 点。"这个行业需要协调很多事，都是联合办公，沟通很重要。因为热爱这个工作，付出都出于本心。"某次，在太原打车，吴艳一路接电话、讲事情，司机好奇到不行，忍不住问："你是做什么工作的？"

这样的节奏，吴艳习惯了，只是对家人有愧疚："没时间陪小朋友，周六周日还在工作。如果是一个有情怀的女子呢，就得做好事业和家庭的平衡，我还好。"

同事眼中的吴艳，是个有魅力的人："外貌年龄与工作资历的差距，经常令同行和客户惊讶。善于与人沟通，合作友人遍及业内各领域的顶尖人物。""专注投入，对自己和下属都要求甚高。工作讲究条理和计划性，带领团队多年合作，有极强的默契，彼此信任。身处演艺行业多年，对演出各个环节了然于心，经常可以一针见血指出细节问题。"

2018 年，省运会开闭幕式期间，吴艳在太原待的时间集中一些，"天气很好，面食多吃得好。我挺喜欢老太原，是一座现代和传统相结合的城市，百姓生活品质也高，出租车都是新能源的。"

陈辛华

张敏：花绳上跳动的青春

5 月 3 日，山西体育职业学院体育馆内，2019 年山西省学生跳绳联赛暨二青会青少年文化教育花样跳绳主题系列活动在此举行。

随着乐声响起，一根根跳绳舞动风声，在一个个参赛学生的脚下飞舞。来自山西全省各地的 2100 余名青少年学生，以优美的姿态、默契的配合、高水准的动作、娴熟的技巧，带给人们艺术与速度的享受，征服了在场的裁判和观众。

看着眼前的一幕，作为这次活动的组织者和策划者，张敏轻吁一口气，多日压在心头的担子终于放下了。

这次比赛作为二青会开幕前的一项重要活动，以“阳光少年、助力青运”为主题，对宣传推广二青会，号召全省青少年以实际行动参与二青会具有重要的示范作用。由于组织科学有序，后勤保障细致周到，这次比赛得到了参赛队员一致称赞，相关领导也给予了很高的评价。

说到山西的花样跳绳，就不得不提到张敏，因为，正是张敏的执着和努力，花样跳绳这项运动才在山西生根发芽，并逐渐发展壮大。

张敏，33 岁，国家级社会体育指导员、花样跳绳国家级裁判、广场舞国家级裁判、健美操国家一级指导员、山西省跳绳运动协会秘书长、山西省跳绳运动项目负责人。她将花样跳绳引入山西，并将这一运动推广到了全省。为了推广，她自掏腰包数万元，还因此受伤。她策划举办山西省学生跳绳联赛，到目前为止已经 6 届，运动员从最初的 500 人发展到现今 2000 余人。她被人称为山西花样跳绳第一人。

戴着一副眼镜，看上去十分文静，说话条理清楚，从外表上看，张敏并没有给人那种英姿飒爽的感觉，反而有些书卷气。

张敏与花样跳绳结缘是在 2013 年。那年，张敏已经进入山西体育职业学院，成为体育艺术系的一名普通教师。一次偶然的机会，她在网上看到了一段花样跳绳的视频，立刻就被这种结合了街舞、武术、健美操等技巧的跳绳方式所吸引。

“太棒了，竟然还可以这么跳！”张敏瞬间迷上了这种跳绳方式。

此后，张敏就开始关注有关花样跳绳的信息。当她得知自己的大学老师邱建钢正在成都推广花样跳绳这一运动项目后，兴奋不已，立刻联系对方。

“花样跳绳集运动健身和娱乐于一体，而且没有场地和器具的限制，开展起来相对容易，山西是一块处女地，有很大的开发潜力。”当邱老师了解到山西还没有开始推广花样跳绳后，建议张敏尝试在山西推广这一运动项目。

在邱老师的鼓励下，张敏萌生了将花样跳绳引入山西的想法。不过，没有任何推广经验的她，心里十分忐忑：“这种新的跳绳方式能在山西推广开吗？”

有时，梦想很丰满，现实很骨感，在老师的支持下，张敏尝试着到山西各地市的中小学推广花样跳绳，但腿都跑酸了，鞋也磨破了，还贴了不少交通费，得到的结果却令她十分沮丧。一些中小学的负责人虽然觉得这个运动项目很新颖，但对于推广这一项目不以为然，认为没有必要。面对这样的困境，这个固执的姑娘没有气馁，浸润在她骨子里的那种父辈顽强拼搏的体育精神，激励着她迎难而上。

她一方面继续向中小学推广花样跳绳，一方面找到了山西省教育厅体卫艺处，尝试着说服该处领导，希望能够得到帮助。

令张敏没有想到的是，听她介绍完后，对方竟然主动询问起来，并表示，这种运动形式，十分适合在学校内开展，其新颖的形式，能够引起学生的兴趣，有助于提高学生参与体育运动的热情。

之后，在山西省教育厅的支持下，花样跳绳很快在各市县推广开来。张敏第一次举办花样跳绳的培训，就有来自全省大中小学 260 名教师参加。此后，她趁热打铁，自费在晋中、大同、阳泉、临汾、运城、晋城、长治、太原等地相继举办公益性培训。她的工资，几乎全部用在了花样跳绳项目的推广上。

为了更好地推广花样跳绳，张敏在 2014 年，策划举办了全国跳绳联赛华北赛区暨山西大中小学生跳绳比赛（之后改为山西省学生跳绳联赛）。为了举办这场比赛，张敏劳心劳力，不仅要寻找赞助单位，还要联系各个参赛队伍，做好接待工作。

这场比赛从策划到实施，张敏付出了大量的心血，她甚至因为过度劳累而晕倒，还因此造成手指骨折。功夫不负有心人，在张敏的努力下，来自全省各地的 500 余人参加了这次比赛。比赛很成功，达到了很好的宣传效果。

目前，跳绳运动已经成为阳光体育活动推广的重要项目，也是中考体测的测试项目，覆盖人群达 50 万人，跳绳运动也因此成为我省参赛人数最多的体育项目之一。

2019 年山西省学生跳绳联赛，只是二青会青少年文化教育花样跳绳主题系列活动之一，随着二青会的临近，六场花样跳绳主题系列活动将相继展开，而张敏也会进入“白加黑”“5+2”的工作模式。

作为这一系列活动的组织者和策划人，张敏表示，二青会是山西体育界的一次盛会，必将有力带动山西省青少年运动的热潮。为此，她将努力做好这次花样跳绳的系列活动，用实际行动助力二青会的成功举办。

郭晓华

陈翊君：二青会会徽设计者

说到二青会会徽的设计，陈翊君腼腆地直摆手，说这是在林存真老师的指导下，和团队成员吴帆一起努力的结果，并不是他一个人的功劳。

陈翊君，中央美术学院设计学院视觉传达设计研究专业硕士研究生，也是中央美术学院设计学院副教授、业内享有盛名的女设计师林存真的学生。林存真是北京奥运会、南京青奥会和北京 2022 年申冬奥和冬奥会标志的主要设计者。陈翊君也和老师林存真一起设计了冬奥会会徽及冬残奥会会徽。

认真对待自己的爱好

陈翊君自小喜欢画画，画的简笔画、水粉画有模有样，让美术老师赞不绝口。父母见此情形，就为他报了画画班，从此，他走上了一条艰苦学画的道路。

虽然画画是他的特长，但他并没有沿着纯画画的道路一直走下去。报大学志愿时，他经过深思熟虑，填报了“中央美术学院视觉传达专业”。

“从小学开始学画一直到现在，我对这个事业有着满满的爱与希望，我希望自己设计的作品达到和作画一样的效果，感染、启发、影响人。”陈翊君说。

2009 年，陈翊君以优异的成绩考入中央美术学院设计学院视觉传达专业。四年本科，他越来越觉得设计行业深如大海，他需要继续在大海中遨游，寻找更深层次的知识来充实自己。于是 2014 年毕业后，他选择继续读书，顺利考上中央美术学院设计学院视觉传达设计研究专业的硕士研究生，师从林存真教授。

在跟随林存真教授的不断学习和实践中，陈翊君快速成长起来。他毕业后选择自主创业，和同为设计师的妻子王东琳共同成立了“東陳设计公司”。

“从想工作，或者想继续考学，到现在决定干自己的事，这个抉择的过程已经经历了 1 年多。结婚倒是对我们来说是个极大的激励，让我们决心成为夫妻档中的最佳拍档。东琳偏爱展览展示设计，又对文字和版式有极大的天赋，我偏爱图形，对跟图形有关的 LOGO、VI、包装等比较擅长，所以现在我俩算是比较互补。现在我们准备做些小东西，也都是和传统有关，先一点点做，不指望能挣钱，专心做好自己的事，认真对待自己的爱好。”陈翊君说。

从多种风格到偏爱传统

多年的实践，陈翊君尝试了各种风格的设计，比如波普艺术、mbe插画、超写实艺术、low poly风格等，但随着年龄的增长，他却越来越偏爱中国传统艺术风格。

“在这个科技时代中，我倒是越来越偏爱传统的东西了，像之前的蓝染、传统纹样、汉砖、青铜器的学习研究都是在往这个方向走。最近不知不觉中，在做设计时能不自觉地联系到传统的东西，让我们现在做的设计在追求高大上炫酷的同时又多了些文化意味，这是我们之前没有想到的。”陈翊君说。

之前他曾设计过中国文联的文艺批评奖奖杯，对方要求材质是青铜的。“如果对传统不了解，青铜对自己来说就是个材质而已，但是现在我们的第一反应就从青铜联想到了形制，作为中国最高礼器的材质有自身对应的等级样式，从这个角度出发做的设计，我们只用了一稿就通过，还是手稿，对方就高度认可。”

正是因为对中国传统文化的深入了解，他在设计时更加得心应手，做出一个又一个精品。

“比如我们做的一款茶品牌的标识和 VI，图形上我们就结合古典茶书中的纹样，并且联系了现代立体动态 LOGO 的做法。包括文字也不仅仅关注美观，而是选择了一位书法大家的字做了拆解造字，用书法家的人格和字格来体现他们的茶品，包括 VI 的图形。如果放在以前我们肯定不会这么做，但是在了解大汉纹样的气势以后，我们就知道这种图形好，所以要往这个气势上走。这些都是在以往不会思考到的方面，而现在却不自觉地会这么思考。”

带有浓浓山西特色的会徽

2018 年年初，中央美术学院受委托参与到二青会的会徽设计工作中，并迅速组织设计团队，以林存真、陈翊君、吴帆为主要成员展开了设计工作。

“此次青运会采取公开征集与委托设计相结合的方式，虽然看似机会更多，但做得不好依然是会被刷掉的。彼时我和林存真老师刚经历过冬奥会会徽及冬残奥会会徽设计工作的磨砺和成功的喜悦，但我们同时也意识到，这既是优势，也是一次新的挑战。”陈翊君说。

设计之初，他们认为，二青会在山西举办，并且是全国的青年运

动会，所以会徽的设计要体现山西的城市特色，体现体育精神，体现青春的活力，并且要对会徽的形式有所突破。

“在设计过程中，我们寻找不同的切入点，努力尝试不同的设计方向，并且将会徽独立展示效果与应用延展方式做了整体考虑，使会徽有了比较全面的呈现。同时，也由于是青年运动会，索性发挥了自己还是青年人的优势，让会徽更多地呈现出青年人的感受。”陈翊君说。

2018 年 7 月，陈翊君设计的其中一个方案得到认可，这个方案以草书“山西”的上下组合为基础，以跑道为元素，以烟花和河流为动势，色彩使用偏黄色调的红、橙、蓝绿。但同时也收到了修改要求，修改时间非常紧张。中央美术学院设计学院林存真副院长迅速指出问题所在：之前的方案欢庆感强，但是作为运动会标志要加强会徽造型的动感和连贯性，配色也应该进行梳理，在展现青年活力的同时体现运动属性，字体也应与会徽造型相匹配。

此后，在原方案基础上绘制了大量的草图，调整会徽的动势、组合结构、线条数量和粗细，从黑白形态着手，不断尝试修改。电脑屏幕上密密麻麻地排着不同的修改方案，并列在一起不断地对比，进行重新组合，一步一步更靠近最终的修改。有的时候在电脑上直接修改并不能达到想要的感觉，就打印出来，用笔和手一点点尝试改进，再输入到电脑里继续调整。陈翊君说，有一段时间，面对这些修改眼睛已经有些模糊了，真的连自己都看不出区别了。

经过陈翊君及其团队的努力，修改稿受到了二青会主办方的一致认可。陈翊君表示，得知这个消息后，他十分激动，还和团队成员好好庆祝了一番。通过二青会会徽的设计，陈翊君更加自信，目前他还参与了北京 2022 年冬奥会会徽及冬残奥会会徽修改设计、Team China 中国国家体育代表队标志设计、北京 2022 年冬奥会特许产品创意指南设计、2022 年北京申冬奥官方海报设计、南京青奥会形象景观设计、南京亚青会形象景观设计等项目，设计稿获得了一个又一个肯定。作为新生代设计师中的佼佼者，他一步一个脚印，踏踏实实走在设计之路上。

薄　鸿

张多堂：二青会剪纸设计者

从个人爱好到组建团队、成立公司，广灵剪纸创始家族第四代传人张多堂把地方民俗特色带出大山，走向全国，并站在了世界舞台上。而这次，他又把这一独具地方特色的艺术加入了现代元素，历经三个月，用传统的广灵染色剪纸技艺，创作了一套 14 幅二青会专题剪纸，成为二青会上的一大亮点。

拯救濒临失传的手艺

剪纸，民间称窗花。早年间，其普及程度不亚于春联，是家家户户逢年过节必备之物。然而，随着技术的进步，各种饰品推陈出新，逐渐取代了剪纸在人们生活中的地位。剪纸市场遇冷，让这门手艺也慢慢面临失传的境地。

“年轻人宁愿出去打工也不愿意学手艺，老年艺人又一代一代老去，这门艺术就出现了断档的局面。”张多堂说。

作为中国民间剪纸三大流派之一的山西广灵剪纸，也面临着同样的问题。从小热爱剪纸艺术的张多堂对此痛心疾首，开始，他只是出

于兴趣，边学边剪，有时间就琢磨着剪，想把这种艺术形式保存下来。后来，他看到很多剪纸艺人有的放弃不干，有的单打独斗，任由这门艺术自生自灭，不禁萌生了保护传统手艺的想法。

“剪纸是门古老的手艺，到现在已经有 1500 多年的历史了，当时的技术已经非常好了。宋朝以后民间剪纸就开始普及，明清是剪纸艺术的高峰期，有不少精美震撼的作品，拿到现在都是精品。传承这么久的手艺，如果我们这代人把它丢了，那我们就太对不起祖先了。”张多堂说。

1998 年，张多堂在深思熟虑之后，拿出家中仅有的 3000 元存款，购买了纸、笔、刀、蜡版、磨石等器具，与几个志同道合的人组成了广灵剪纸星火团队，并组建和注册了广灵剪纸文化艺术研究中心。

他一边搜集老旧作品，一边整理家传手艺，同时，虚心向国内优秀剪纸艺术家请教学习。几年的工夫，他逐渐建立起了自己的剪纸团队。从培训、设计到生产，进行了产业化改造，结束了一家一户手工作坊形式，形成了从设计、刻制、染色到包装一条龙的经营模式。

而张多堂也借此继承了祖业，成为广灵剪纸创始家族第四代掌门人。

公司化运作迎来大发展

随着剪纸市场逐渐回暖，剪纸艺术又成为很多人追捧的艺术形式之一。为了在市场上争得一席之地，把广灵剪纸推向全国，1999 年，张多堂成立了广灵剪纸文化艺术发展有限公司，采用 “公司 + 农户”的运作模式，以公司为主体，带动周边零散剪纸艺人，既分工明确，又通力合作。公司负责市场开发、接收订单、新产品开发、设计样稿、技术和工艺要求，然后分发给每个艺人。按照甲方要求完成后，再由公司验收把关，优胜劣汰，把好质量关。

“这样的运作模式，使大家都能各尽所长，不仅集中了优势兵力占领市场的制高点，又增强了抗击市场风险的能力。”张多堂说。

公司刚刚起步的时候，为了打开市场，张多堂一个人拿着一大箱子广灵剪纸，跑遍全国各地。不仅四处参加大型展会，向各地客商推销产品，还到各个旅游景点摆摊销售。经过两年多的东奔西跑，终于跑出来点名气，积累了一些稳定的客户。

随后，公司化运作模式逐步走上正轨，其剪纸产品也由原来的几十种扩展到 5000 多种，内容题材从古至今，从大到小，横跨各个领域，产品则从剪纸挂历、剪纸台历、剪纸贺年卡、剪纸邮票，到剪纸画册、剪纸画轴、剪纸镜框、剪纸巨幅珍藏卷等国家级馈赠礼品和外事礼品，产品远销美国、日本、加拿大等 20 多个国家和地区。

然而，一时

的成功并没有阻挡张多堂前进的脚步，2006 年前后，他把早已酝酿多年的梦想付诸实施，起草拟定了创建中国广灵剪纸文化产业园区和中国广灵剪纸艺术博物馆的整体方案。他请教了省内外知名专家、学者，为广灵剪纸的发展出谋划策，并四处找资金、找贷款。通过一番努力，他自筹启动基金 100 万元，并争取到国家开发银行山西省分行贷款 580 万元，终于立项施工。全国第一家剪纸文化产业园区拔地而起，广灵剪纸艺术也迎来新时代的大发展。

二青会展示新形象

第二届全国青年运动会花落山西，筹备之初，广灵剪纸作为地方特色，成为必不可少的一部分。然而，如何参与其中？如何实现剪纸艺术与二青会的无缝对接呢？张多堂为此颇费了一番工夫。

“受组委会之委托，我们广灵县多堂剪纸文化产业园区有限公司承担设计制作二青会专题剪纸。文化是一个城市的根，一个区域的魂。山西省具有独特的区域文化，悠久的历史承载着华夏文明。古建不仅规模宏大，而且丰富多彩，寺观、宫殿、石窟、雕塑、壁画、古塔几乎遍布全省各地，到处洋溢着浓郁的山西文化气息。除此之外，特色品牌丰富多彩，地域文化独树一帜，那么，如何将这些文化符号与二青会融合在一起呢？这不仅需要对剪纸极为了解，还要对我们的文化有相当深刻的认识。”张多堂说。

经过反复思考论证，历经三个月，张多堂把二青会体育项目与四大石窟艺术宝库之云冈石窟、世界五大佛教圣地之五台山、五岳之北岳恒山、世界文化遗产平遥古城等这些“山西符号”融于剪纸之中，“非遗＋体育＋文化遗产”三位一体，在宣传二青会的同时，更好地展示了山西文化旅游特色和二青会赛事的时代风采。

“我采用传统的广灵染色剪纸技艺制作出这套 14 幅二青会专题剪纸，它既是一套宣传品，也是一套艺术品、收藏品，希望它能为提升山西文化传播与交流水平起到桥梁纽带的作用。”张多堂说。

沉迷于广灵剪纸的张多堂，目前不仅是国家级非物质文化遗产——广灵剪纸代表传承人，还是中国广灵剪纸文化产业园区主任、中国广灵剪纸艺术博物馆馆长、广灵剪纸文化艺术研究中心主任、山西省民间工艺美术家协会副主席、山西省城乡文艺家协会副主席。2010 年，他被山西省文化厅评定为“山西十大文化创新人物”，广灵剪纸也被评为“山西十大文化品牌”。这些荣誉是张多堂多年刻苦钻研、辛苦奔波的结晶，也饱含着他对中华传统文化孜孜以求传承保护的热忱。

薄　鸿

孟晋林、庞秀峰：你是我眼里最美的“青圪蛋”

2019 年 5 月 28 日，全国第二届青年运动会志愿者徽、昵称、口号正式对外发布。“青圪蛋”从 263 份投稿中脱颖而出，被确定为二青会志愿者昵称。太原市民孟晋林通过手机上的推文得知自己提交的昵称被选用，欣喜不已。六十里开外的晋中市，昵称的另一位作者——媒体人庞秀峰也在第一时间得知此消息，喜悦之情溢于言表。

“昵称‘青圪蛋’灵感源于山西民歌《亲圪蛋下河洗衣裳》中的‘亲圪蛋’。”两位素不相识的作者不约而同表示。孟晋林是一位文体爱好者，《亲圪蛋》这首民歌，张口就来，且原汁原味。而身为晋中人的庞秀峰，几乎是听着这首左权开花调长大的，“一听就感觉亲得不行”。

从“亲圪蛋”到“青圪蛋”

《亲圪蛋下河洗衣裳》经过山西民歌演唱家刘改鱼、山西籍歌唱家阎维文经典演绎，后被广为传唱，可谓家喻户晓。2019 年初，太原市 2.5 万名环卫工人的形象代言人“橙色夫妻”组合，也以演唱《亲圪蛋下河洗衣裳》等山西民歌荣获了2019年《星光大道》首月“月冠军”。

相当大一部分山西人，愿意用“亲圪蛋”来称呼自己的孩子、爱人，以及比较亲密的人。

2019 年 3 月 14 日，二青会组委会志愿者工作部开始面向全省社会各界、各高校公开征集二青会志愿者徽、昵称、口号，要求立意简单明确，易读上口，特色独到。

“想来想去还是决定提交‘青圪蛋’这个昵称。”孟晋林说，一是可以与二青会吉祥物“青青”形成系列；二是“青圪蛋”充分刻画了二青会志愿者很亲、很可爱的群体形象；三是昵称充满了浓厚的山西地域风情，有助于宣传推广独特的山西文化。

媒体人庞秀峰因为工作关系，一直密切关注二青会。征集公告发布后的某一天，庞秀峰上夜班时，脑海中忽然蹦出了三个字——“青

圪蛋”，感觉作为志愿者昵称再贴切不过，于是连夜向二青会组委会提交了相关资料，激动地哼起了那首熟悉的左权开花调——亲圪蛋下河洗衣裳……

庞秀峰是一位实打实的体育爱好者，参加过射击、足球、排球等不同门类的体育赛事，现任晋中日报社总编室主任，曾编辑过不少关于志愿者的稿件。“志愿者们用亲切的语言、真诚的微笑为大家提供服务和帮助，他们是我眼里最美的‘亲圪蛋’。二青会志愿者昵称用‘青圪蛋’再贴切不过，而且昵称极具山西特色。”

说它“土”，其实它很有内涵

虽然对提交的昵称比较满意，但是能被二青会这么重要的赛事采用，孟晋林还是有些小激动。身为太原市迎泽区政协委员的他，十分关注太原历史文化建设，曾为建设美丽山西、美丽太原提过不少“金点子”，如今以昵称作者身份参与到二青会中，这让他感觉十分自豪和光荣。

作为连续完赛超过 5 届的太原国际马拉松荣誉跑友，孟晋林近距离接触过、感受过太原这片土地上的最美志愿者。他也曾亲临省运会、太原国际公路自行车赛现场，近距离感受志愿者的风采，感受太原的巨大变化。“太原举办大型赛事的经验越来越丰富，赛事组织越来越科学、规范”，孟晋林由衷感慨，“‘青圪蛋’不仅仅是指二青会志愿者，山西、太原也是我眼中最美的‘青圪蛋’”。

在山西方言中，小颗粒叫“圪生生”，大一点的叫“圪瘩”，墙角叫“圪崂”，缝隙叫“圪拉”……

昵称宣布后，有网友称“土得掉渣”，这让孟晋林的欢喜打了一点折扣，他说，当大家了解其内涵后，就不会轻易再说它“土”。 郦波老师在一档节目中，曾这样点评山西“亲圪蛋”组合演唱的《圪梁梁》：据考证，中国最早的民歌是山西民歌《击壤歌》，大概产生于尧舜时期，我们常说的“日出而作，日落而息”，就出自这首民歌，壤就是土。我们要保护好音乐土壤，民族文化的土壤，才能实现真正的文化传承。

“‘青圪蛋’从某种意义上讲，是对山西源远流长历史文化的一种传承。”孟晋林说。

“土”得可爱！有网友留言：人们都说“入乡随俗”，试想一下，外地游客来山西，不得学上几句山西话？“青圪蛋”可能就是他们学会的第一句，“青圪蛋”这个名字透着山西味儿，带着山西腔儿，通过这个名字，人们既能感受到志愿者的热情，同时也能体会到地道的山西文化。

孟晋林感觉遇到了知音：“我们常说要去寻找诗和远方，山西有着深厚的历史文化底蕴，可以先从了解自己家乡开始。”

抓住二青会契机，不断提升太原“青和力”

庞秀峰曾经和无数被采访者打过交道，却从来没想到，有一天自己会因为二青会从采访者变成被采访者。“近年来，山西面貌有了巨大改观，经济社会发展成就喜人。二青会为我们提供了一个向全国人民展示山西新形象、新成果的良好契机。我们需要从自身做起，奉献智慧和力量，办好二青盛会，这是每个山西人应尽的责任和义务。”

庞秀峰是这么说的，也是这么做的。早前，他就以晋中市政协委员身份为二青会的成功举办提出过有价值的建议。

英雄所见略同，孟晋林也表示，要抓住二青会契机，不断提升太原“青和力”。

何为“青和力”？2019年4月26日，DT财经 · 城数发布了《2019中国主要城市青和力洞察报告》，报告用“青和力”来指代一座城市吸引年轻人的能力，“青和力”由城市鲜活指数、城市文化指数、个人成长指数和城市发展指数共同构成。

十九大报告中指出：青年兴则国家兴，青年强则国家强。青年一代有理想、有本领、有担当，国家就有前途，民族就有希望。中国梦是历史的、现实的，也是未来的；是我们这一代的，更是青年一代的。中华民族伟大复兴的中国梦终将在一代代青年的接力奋斗中变为现实。

“不要把‘青圪蛋’只作为一个昵称来宣传，要更多挖掘其背后的文化。”孟晋林说，二青会是新中国成立以来山西承办的最大规模体育赛事，也是新中国成立 70 周年关键时间节点举办的一次举国瞩目的体育赛事，太原市作为二青会主赛区，更应该抓住这一良好契机，精心策划系列有影响力的“吸睛”活动，吸引全国人民特别是年轻人对太原的关注，展示太原对年轻人的友好，把二青会办成全民参与、全国瞩目的青春盛会、文化盛会、体育盛会，全新塑造太原活力之城、人文之城、奋进之城的新形象。

万玲艳

薄慧娟：探寻二青会的“专属基因”

会徽“山河”，吉祥物“青青”，主题口号“青春的约会，拼搏的舞台”，倒计时牌和别具特色的宣传画……在省城太原，大街上，小巷里，二青会元素随处可见，盛会即将启幕。各种元素都深深刻上了“山西烙印”，具有鲜明的二青会“专属基因”，以其独特性被大众所认知。这些，与山西基因包装科技股份有限公司（基因印刷公司）总经理薄慧娟不无关系。

拼搏人生最精彩

5 月 28 日，见到薄慧娟时，她正在位于太原市青年路的公司里审核设计方案。外表文静，行事干练，这是 34 岁的薄慧娟给人的第一印象。

能成为一家公司总经理，在很多人看来，起码得有相当的学历。对此，薄慧娟直言：“我来公司时只有高中学历，后来自考了大专文凭。”

2004 年，高中毕业的薄慧娟只身从定襄老家来到省城太原闯荡。由于学过一段时间设计，她到基因印刷公司应聘。按招聘要求，她其实“不够格”。但在她一再坚持下，公司不拘一格降人才，录用了薄慧娟。

“我比较喜欢挑战。”薄慧娟这样评价自己。入职后，她暗下决心，一定要干出成绩来。她从推广软件的销售员做起，后来升为业务助理，接下来先后成了市场部、业务部、设计部、生产车间的部门主管，一步一个脚印成长。正是因为具有和运动员一样的拼搏精神，薄慧娟很快晋升为总经理，成为 200 人团队的“领头雁”。

上学时喜欢长跑，上班后积极参与公司羽毛球赛等活动，带领团队参加太原马拉松……薄慧娟说，或许自己与二青会结缘早就埋下了伏笔。

文化与体育交融

“二青会是我省首次举办的全国综合性大型运动会，我们应积极参与，贡献力量。”这是薄慧娟的初衷。

2017 年 5 月，二青会面向社会征稿，薄慧娟得知消息，立即带领团队创作，提交了会徽、吉祥物、宣传画等设计方案，尤其是宣传画更是倾注了他们的心血。查找资料，翻阅文献，薄慧娟希望找到一个创意独特，完美契合山西特点的方案。

“山西是华夏文明的重要发祥地，历史悠久，人文荟萃。是不是可以把山西博大精深的文化，融入宣传画？”投稿之初，省体育局科教处处长侯冰建议。正巧，薄慧娟也有类似想法，并提出把极具山西特色的非物质文化遗产——广灵彩色剪纸，作为宣传画主体元素的创意。英雄所见略同，创意立即被确定。

设计中，薄慧娟和团队又结合项目特点及举办地特色，嵌入标志性建筑，呈现二青会活力和举办地传统文化、经济建设成就，用最具特色的艺术形式展示二青盛会。

功夫不负有心人。经过层层筛选，薄慧娟他们设计的宣传画从近百幅作品中脱颖而出，成功入选。

打开册子，一幅幅色彩鲜艳、动感十足的宣传画跃入眼帘。比如，网球项目在太原举行，宣传画中央是挥动球拍的运动员，左下方是太原标志性建筑“双塔”，宣传画以剪纸形式呈现，红黄蓝绿紫色彩丰富，运动员腾空而起身姿矫健，给人赏心悦目的享受。在大同举行的篮球项目，配以云冈石窟佛像；在朔州举行的马术项目，搭配应县木塔；在晋中举行的自行车项目，平遥古城矗立画中……每一幅宣传画，让人们了解项目举办地的同时，也领略到当地厚重的历史与文化。

因为专业，所以被赏识。2017 年 7 月，薄慧娟和团队应邀参与二青会会徽、吉祥物、宣传口号评选活动初评、复评的征集作品整理、分类、归档，及应征优秀作品展览等工作；2018 年 8 月，参与二青会会徽、吉祥物、主题口号新闻发布会会场布置和剪纸系列作品集设计印刷……

展示山西新姿态

2018 年 9 月，薄慧娟接到又一个艰巨任务——设计二青会视觉形象识别系统管理手册。

视觉形象识别系统，即 VI 设计，是将非可视内容转化为静态的视觉识别符号，以无比丰富的多样的应用形式，在最为广泛的层面上，进行最直接的传播。VI 设计最直观，最具体，最富有传播力和感染力，易于被公众识别和记忆，可以更快速、更有效地传播“二青会”整体形象，使特点凸显出来，创造品牌效应，扩大知名度，使公众产生认同感。

“VI 设计就是对各种元素进行整合应用。”薄慧娟说。二青会 VI 设计有 100 多项，时间紧，任务重，她和团队加班加点，仅用了 20 多天便设计出 170 多页的《第二届青运会视觉形象识别系统管理手册》，为会徽、吉祥物、宣传画、主题口号的使用标准立下了“规矩”。

设计过程中，薄慧娟与侯冰沟通认为，吉祥物褐马鸡代表吉祥如意之意，而如意的图案又极似百鸟之王凤凰的头冠。于是，他们以中国传统文化元素如意、凤凰为要素，设计了二青会核心图案，既具吉祥如意的美好寓意，又有赏心悦目的视觉效果，预示二青会圆满成功。

“VI手册标准色采用五环颜色，代表体育运动与奥林匹克精神。”薄慧娟介绍，应用中主要以红色渐变与蓝色渐变作为主要背景色。红色代表热情、力量和阳刚，寓意山西拥有巨大能量，会不断发光发热，在转型发展道路上越来越红火，同时与口号“青春的约会，拼搏的舞台”所传达的进取精神相互辉映。蓝色代表理智、希望与未来，寓意在新的发展环境下，科学对待转型发展是重中之重，对自然环境的保护，对未来发展的规划，山西都会理智认真地对待。

前不久，一个面向全国的广告人营销培训班在太原开班。课程结束，薄慧娟和来自湖北、四川等地的同行去酒店吃饭时，一名同行在酒店墙上张贴的二青会宣传画前驻足。“这是即将在我们山西举行的二青会。”薄慧娟立即上前当起了宣传员，结合宣传画中的撑竿跳高项目和红灯笼体育场，分享了二青会的规模、山西的历史和文化。看到同行频频点头称赞，作为参与者、设计者和东道主，薄慧娟的自豪感油然而生。

万众期待的二青会开幕在即，薄慧娟和团队又紧锣密鼓参与到二青会文化墙的设计工作中。“尽我所能，宣传好二青会，宣传好山西。”薄慧娟说，“相信，山西文化的魅力会在二青会上得到完美彰显，新的山西将向各界展示新的姿态！”

刘友旺

王振国：用电影叙述山西，向外界发声

有人说，人生就像滚雪球，需要发现很湿的雪和很长的坡，而在导演王振国的眼里，能够发现这个雪球的存在，似乎更为重要。

熟悉王振国的人都知道，他是学美术出身，是演员耿乐的师兄；后来无意中“跨界”做了导演，就执导拍摄了在中央电视台电影频道播出的《大学生小村官》；再后来，还获得了山西省“五个一”工程优秀作品奖，甚至电影作品《身份》还入选了香港电影第32届国际电影节竞赛展映单元。

不过，这些看似轻描淡写的标签背后，却是王振国刻骨铭心的奋斗故事和初心不变的艺术坚守。

大繁至简，让外界听到山西的声音

王振国是个地地道道的山西人，就算走遍了祖国的大好河山，最怀念的还是家门口的那碗面。

或许，这就是山西人骨子里对家乡的眷恋，就如同在王振国的影视作品里，你很难看到那些市场上流行的炫技镜头，也很难找到那些向欧洲电影市场讨喜的非主流题材。因为在王振国导演的心里，始终想用自己的镜头记录那些真正发生在百姓身边的，质朴感人的故事。

用王振国自己的话说，就是“我想用自己影片的积极一面，让外界的观众了解山西的过去，也期待山西的未来。”

其实，要想不依赖技巧，用纯粹的视听技法去拍出写实主义的电影，对于任何一名导演而言，都将是极大的挑战。特别是在电影市场化的现在，很少有人愿意真正静下心来拍一部主流题材的影视作品。而王振国导演在入行之初，就笃定了自己的创作风格：必须要做到“大繁至简”，能够用真实打动观众，用品质赢得市场。即使在资金遇到极大困难的时候，王振国也不愿因为经费原因向投资方妥协。“每一位导演在构思一部影片之初，人物形象其实已经存在于脑海了，我不能妥协，这不仅是对观众不负责，也是对我的作品不负责。”王振国说道。

正是在这样的坚持下，王振国的质朴与努力，也让命运之神为他带来了一份向奋进者致敬的“厚礼”。

厚积薄发，用作品向“二青会”献礼

一分耕耘一分收获，作为一名导演，能够让自己执导的作品印烙在历史的长河里，无疑是最大的荣誉，正如张艺谋与奥运会的彼此成就，这也是王振国与二青会的缘分相惜。

王振国说：“有时候真的很巧，因为二青会是我们山西人自己家门口的盛会，正好那时候省体育局、二青会筹委会要召集山西省国资委旗下26家一级企业做赞助动员，领导安排我做一个暖场视频。结果这个视频做好之后就传到了网上，后来被太原市委宣传部张璐部长看到了，他辗转四个微信群找到我，觉得这个视频还可以做得更好，特别是在文字配词上可以有一些润色的空间。于是在6个小时的素材里，翻来覆去地看了三个多月，最终剪辑成了四分半的宣传视频。张璐部长甚至工作到深夜两三点，亲自对宣传片配词做修改，于是就有了大家现在看到的《追梦二青 · 山西奋进》。”

如果说王振国之前的影片基调是大繁至简、质朴无华，那么《追梦二青 · 山西奋进》则是大气恢宏、热血澎湃。他不仅用娴熟的剪辑技巧让整个宣传片气势磅礴地展现了山西的文明与进步，精练的配词更是让影片气贯长虹。这部献礼二青的作品，不仅成为“时代新人说”全国视频大赛的官方样片，在“时代新人说”全国微视频大赛的全国城市推广会上热映，也成了二青会火炬网络传递前的暖场宣传片。

其实除了宣传片之外，王振国的另一部二青会献礼之作《给力的丫丫》也即将在省城院线公映。看到这里，可能有人会说，王振国是幸运的。但是在这份幸运背后，是王振国多年的艺术坚守与不懈努力，是厚积薄发的才情绽放，更是不忘初心的艺术梦想，那就是“能为山西做点事，是我的本分”。

翰然正气，凝聚山西影视力量

正是凭借着山西人骨子里的那份坚毅，王振国与山西翰正影视文化传媒有限公司的同仁们团结在一起，要把电影艺术的根扎在山西，把电影的未来放在山西。

“从山西这片热土上走出很多优秀的影视导演和演员，大家取得的成绩有目共睹，而翰正影视就是要为山西的影视演职人员搭建一个与外界影视团队接轨的专业平台。大家抱团在一起，用温暖积极的态度讲述更多山西的故事，让同行和观众都感受到凝聚起来的山西力量。”

在未来，王振国导演将继续延续自己的创作风格，用朴实的视听语言、直简的叙事手法向外界继续讲述那些发生在五千年文明诞生地的“山西故事”，“用镜头告诉外界，我们山西，很温暖”。

马　瑞

王文亮：山西小女足二青会夺冠背后

7 月的阳光明亮而热烈，在山西体育职业学院的足球场上，一群孩子正在挥汗如雨，走近看——原来都是女孩子，一水儿的短发，黝黑的小脸上看得出对足球的热爱。不要小看这帮孩子，她们刚刚赢得二青会足球项目社会俱乐部组 11 人制（U13 组）冠军，这是山西女足首次夺得全国综合性运动会冠军。

场边的教练王文亮吹着哨子，挥舞着手臂，不停地呼喊着。虽然天气炎热，但他那颗炽热的“足球心”却始终未变。他告诉记者：“选择这样的生活，就是选择了坚守。”

做孩子们的良师益友

王文亮清楚地记得刚开始执教时的情形，“从孩子们的眼中我看到了渴望，当时我就想，她们既然信任我，我就一定要尽我所能。”

那是 2017 年 9 月，山西体育职业学院以 U12 女足为班底组建女足队伍。这是一支土生土长的队伍，绝大多数队员都是在读的小学生，队员平均年龄 12 岁，零基础练习，这对于刚刚从运动员转型成为教练员的王文亮来说，是一次全新的挑战。“一开始我也没有太多的执教经历，就是一步步向前摸索。”王文亮说。

今年 30 岁的王文亮曾是青岛中能足球俱乐部的职业球员，2011 年进入太原理工大学学习，多次获得全国大学生足球联赛冠军，2017 年取得太原理工大学体育专业硕士学位。同年，走出大学校门的王文亮转身又走进另一个“校门”——山西体育职业学院组建成立了山西女

子 U13 足球队，他成为了一名小女足教练。王文亮很是感慨：“没上大学前，我还算是一名合格的足球运动员，技术动作很熟练，但让我教的话我说不出来。通过几年专业学习，我可以把理论讲得清清楚楚，特别是带了这帮孩子们以后，更是对自己耐心和能力的考验。”

兢兢业业培养足球小将

小女足的教练有两位，一位是有着 30 年执教经验的马燕双，另一位就是王文亮。马燕双教练今年已经 64 岁了，神采奕奕，自称特别严厉、经常黑脸的马燕双身边常常围着几个小孩子，哪怕他提高嗓门，身边的孩子也没有散开的意思。

王文亮告诉记者，马教练为孩子们操碎了心，“这些孩子来队的时候都很小，自理能力不强，马教练除了训练，还给孩子们洗衣服，剪头发”。看来，小女足队员们统一的发型由此而来。

马燕双和王文亮现在带的这批队员，在进队前没有任何足球基础，但仅仅一年多时间，孩子们就有了“足球小将”的模样。王文亮回忆：“没有基础还在其次，这批队员的身高偏矮，和山东、内蒙古的小队员身体素质没法相比，所以必须在基础上下功夫。”每天清晨6时，马燕双和王文亮就带着孩子们晨练，天天坚持，风雨无阻。日常苦练基本功，结合孩子们的身材特点，锻炼脚下功夫、头球技术动作。

两位教练的“神来之笔”，除了科学训练，还有自己的“套路”，“我们对她们是兴趣培养为主，调动孩子的积极性。足球训练是枯燥的，但孩子们喜欢竞争，所以我们就经常给她们设定目标或者进行‘比赛’，比如看谁颠球多，看谁带球好。现在，队内孩子最多的能一次颠好几百下了。”

辛劳汗水结出累累果实

功夫不负有心人，马燕双和王文亮率领的队伍通过一年多的摸爬滚打，终于成形，在近年的赛事中所向披靡，成绩一直很突出。2019年6月29日，二青会足球项目社会俱乐部组11人制女子U13组别赛事在苏州圆满落幕，山西女足力克内蒙古、上海和山东等劲旅，一举

SHANXI 2019

夺金，创造了山西足球在城运会、青运会上的最好成绩。

自执教小女足后，王文亮一直很忙，忙着集训，忙着比赛，去年有 10 个月没回家。他的女朋友是山西大学体育专业研究生，正在积极为二青会赛事服务，“我们有快两个月没见面了，全靠微信联系”，王文亮无奈地说，“做我们这个工作的一定要耐得住寂寞。”

王文亮说，自己不会轻易放弃任何一个孩子，更不会放弃自己所选择的这条路，“我希望自己培养的孩子能站上世界杯、奥运会的领奖台，那将是我最大的满足。”

陈　珊

黄刚：那次高空速降，一生荣光……

黄刚，39 岁，二青会火炬传递手，太原市“时代新人”代表，山西天龙救援队副队长。热心公益活动，曾参加雅安地震、鲁甸地震、山西省公安厅委派山阴蝴蝶谷救援等 41 次救援活动，并在救援装备方面获得发明专利 5 件、实用新型 16 件，在中国创新创业大赛等比赛中先后获得奖项 6 个。

2019 年 3 月 28 日之前，黄刚，这个名字，只是一个普通的存在。

2019 年 3 月 28 日，二青会火炬第二棒传递完成之后，黄刚，成了很多人心中的骄傲。

那一天，正值第二届全国青年运动会的圣火采集仪式。活动现场有 6 棒火炬传递，全长约 2500 米。其中，第二棒火炬传递采取的是高空速降的方式。火炬手要从 60 多米高的观景台速降而下，以此表达人类探索前行、寻找光明的坚定勇气。而黄刚，正是这个肩负使命的第二棒火炬传递手。

“这个火炬手真牛！”“竟然上演了高空速降！”当日，很多现场观众和网友都对黄刚的这波高难度操作发出了感慨。这对不到 40 岁的黄刚来说，既是一种荣耀，更是一份责任。

再与黄刚对话，已是火炬传递结束后的两个月了。他的语气中依旧是满满的坚定。“我一定要做到万无一

失！”这是在讲述那段经历时，黄刚说过最多的一句话。

“能成为二青会的火炬传递手，其实我也挺意外的。大概是在 3 月初，我接到了市委宣传部的电话，问我，从 60 多米的悬崖速降下来有困难吗。我想着自己是做救援的，下悬崖这种事儿经历了也不是一次两次了，就答应了。没想到，就这样成了火炬传递手之一。说实话，我就是一个普通人，没有什么光环，也没有什么壮举，真的从来没想到这么荣耀的时刻能降临到我的头上。”时至今日，说起成为二青会火炬传递手的事，黄刚内心还是有一种难以置信的激动。“不过既然有这份荣幸，我就一定要做到万无一失。”

在火炬传递的前 5 天，黄刚就抵达了现场——运城市芮城县西侯度遗址圣火公园。“在现场经过一番勘察后，我意识到，这个任务并不像我想象中那么轻松。”黄刚说，“与其说是个悬崖，其实更应该说是一个跨越 13 级的梯田。中间有 7 级落差比较大，达到了 66 米。而且，下降的通道还要穿过陡坡、花椒林、荆棘林等复杂地形，落点的地方是西侯度遗址第 6053E 号发掘现场。”为了做到“万无一失”，那 5 天的时间，黄刚和他的助手每天除了利用绳索上下十多次，测量传递通道的宽窄度，排除沿途的安全隐患，测算传递时间，调整下降动作外，还要带领工人绕着山路前往传递通道所在的每一级梯田，清理石块、荆棘，修整泥地和松动地段。回想起那段时间，黄刚对每个环节都如数家珍：“清理通道中的荆棘，可以算是准备过程中的一个难点吧。因为都是野生的，荆棘上的刺能达到两三寸长，一不小心就会受伤。我就被刺伤过，还感染了。幸好自己是搞救援的，身体恢复能力也强，才没有影响到传递任务。”

其实，黄刚在这次火炬传递任务中能够做到“万无一失”，也得益于他 7 年多的救援经历。他不仅长期利用业余时间从事公益应急救援和减灾科普等公益活动，还多次参加各种国家级的紧急救援培训，并前往雅安、鲁甸等地震灾区和山阴蝴蝶谷等地实施过 41 次救援任务。这些宝贵经历都为他当天顺利完成火炬传递提供了保障。

“高空速降我经历过很多次，单就下降过程来说，这一次并没有太高的技术难度挑战。但由于火炬传递的过程是直播，我必须在规定的时间内，排除一切干扰，让火炬安全地传递下去，同时还要兼顾观赏性，这就考验了我平日的经验积累和临场反应。”黄刚说，“我负责的这

段传递通道，是一个阶梯式的下降路线，最长的垂直高度大概有 6 到 8 米，最短的只有 1 米左右，按照我们惯用救援的行进方式，这种情况下，一般采取行走式会轻松很多，但视觉效果不佳，就像一个步履蹒跚的老头，猫着腰顺绳而下，无法体现那种人类追求文明、进步的前进节奏。为了追求更好的视觉效果，我在整个第二棒的火炬传递过程中，采用了跳跃式前进，这对体力是一种比较大的消耗，但观众看起来会感觉简洁干练许多。”

除此之外，让黄刚最担心的还是火炬的安全问题。“我们在救援训练和实战中，通常都是将设备挂在身上，双手握着绳索下降的。但火炬传递，必须有一只手持着火炬，依靠另一只手完成速降。而且在练习的过程中，由于没有真实的火炬在手，对重量的估计和火焰的安全都是有些模糊的。”黄刚说，这对他来讲，算是一个很大的考验。“火炬传递当天，当我一手紧握着 1.2 千克的火炬时，我就知道我的责任有多大了。当时，我心里只有一个信念：一定要做到万无一失！”整个交接过程中，黄刚可以说是打起了十二分的精神。他一面将火炬的火焰调至最大，以防山风将火焰吹灭，另一方面，在下降的过程中，他还要小心翼翼地变化着火炬的位置，防止火焰将绳索点燃。随着身体的落地，黄刚心中的一颗大石头也落地了。堪称完美的 5 分钟速降传递完成了！黄刚手中的火炬外壳已变得滚烫，外漆也受到了损伤。但此时，黄刚内心是无比自豪的："我成功了！我履行了'万无一失'的诺言！这次高空速降，足以让我一生荣光……"

的确，黄刚在梯田间上演的这一幕"飞檐走壁"，着实为整个二青会火炬传递增色不少。但掌声和荣耀已经留在了昨天，黄刚还在继续着他的公益之路。

"对我而言，做志愿者和做火炬手是同等重要、同等荣耀的事。"黄刚依旧坚定地说："这次，我们天龙救援队承担了二青会的医疗保障和应急处置服务任务，我一定会投入更大的热情，以更专业的态度继续为二青会助力、增彩。"

平 原

王磊：从“光杆儿司令”到金牌教练

1.87 米的个头，炯炯的眼神，干练的举止，干净整洁的穿着配上一副眼镜，今年 32 岁的王磊带着些许书卷气。如果不是在训练场上长期高喊“造就”的嘶哑声音，让人很难想到他是太原体校一名优秀的蹦床教练。

作为运动员，王磊谈不上优秀，甚至连省级比赛的金牌都没得到过，但作为一名教练员，他无疑是非常出色的。从 2010 年担任教练至今，他带领他的小弟子们已经在省级比赛和全国性比赛中斩获了 100 多枚金牌，而他与二青会早在 5 年前便已结缘。

光杆儿司令不被看好

1987 年，王磊出生在山西大同阳高县。也许是继承了母亲的运动基因，王磊从小便喜欢蹦蹦跳跳，是个待不住的孩子。5 岁那年，在母亲的支持下，王磊开始练习体操，从县队到市队，一路走来的王磊却因突然猛窜的身高，不得不放弃了体操的练习。

机缘巧合下，13 岁的王磊来到山西省蹦床队，但再次因为猛长的身高和近视成了一名助教。对于运动员来说，金牌是目标也是梦想，王磊有遗憾，他不甘心。

2010 年，23 岁的王磊在艰难的抉择后，选择继续坚持自己的体育事业，来到太原市体校做了一名蹦床教练。但这个身高“超标”、眼睛近视，还没取得过好成绩的运动员，起初却并不被人看好。大多数人觉得，王磊到体校只是为了一个事业编制的工作。

运动会
主办单位：国家
管理中心
承办单位：宁波
海区人民政府
协办单位：
宁波市镇海区文化和广电
镇海
月 2 日至 9 日
1

招兵买马艰难起步

年轻的王磊，没有太在意别人的目光，他要在自己的队员身上实现登上领奖台的梦想。而他遇到的第一个难题就是没有队员可带。

站在公园的游乐场散名片，到幼儿园当免费的领操老师，发动亲友推荐……2011 年微信刚刚推出，王磊便不断在朋友圈发布“招生启事”，他笑谈自己是最早的“微商”。

不久，王磊有了第一个弟子杨宇诗，而按照严格的选材标准，9 岁的杨宇诗已经有些超龄。一师一徒，开始为他们心中的梦想努力，这一练就是大半年，然后他有了第二个弟子王欣懿。

渐渐的，王磊的弟子多了起来，从两三个到十来个，慕名前来的孩子越来越多，王磊终于拉起了自己的队伍。看到王磊的决心和努力，体校的领导和前辈给予了他莫大的支持。

艰苦训练科学指导

“收展快！”“注意力集中！”“空中姿态！”……训练场上的王磊，不断地高喊着，声音在空旷的训练馆中回荡，而他的目光则时刻盯着自己的弟子。被誉为“空中芭蕾”的蹦床运动本身具有一定的危险性，王磊的喊声既是教练的指导，也饱含着父亲般的关爱。

“台上一分钟，台下十年功”，要想在竞技体育中取得好成绩，背后要付出的艰辛，常人难以想象。作为教练，王磊比孩子们起得更早，因为他要带领孩子们出早操；他比弟子们睡得晚，在夜都睡熟的时候，他还要不断观看比赛录像，查阅相关资料。因为他明白，要取得好成绩，仅靠能吃苦、肯下功还远远不够，更要有科学的训练方法。为了给队员们树立目标，他通过各种渠道，请来奥运冠军、世界冠军，给孩子们授课，还特意制作了一面队旗请奥运冠军、世界冠军签名。

既是师长又是爹妈

对于弟子们来说，王磊是教练，也像爹妈。作为基层蹦床队的教练，王磊的弟子们年龄小，还有相当一部分孩子的家庭条件不是很好，王磊无微不至地关爱着他们。

谁身体出现问题，谁思想出现波动，他都一清二楚。深夜的路灯，曾照射出王磊背着孩子去医院的身影；训练馆外的大树，也常常听到他对孩子的谆谆教导……为了方便照顾这些孩子，他和妻子特意在体校附近买了一套小房子；怕孩子们周六日放了羊，这些年他几乎没有休过周六日；还有几年的春节，王磊是和不方便回家的弟子一起过的。

王磊的训练场上，总会有一张小桌子，上面摆放着孩子们最爱吃的巧克力，这是王磊自掏腰包买来的。谁做出了一个漂亮的动作，谁率先完成了训练任务，都会得到奖励。这奖励，是对优秀队员的奖励，更是对其他队员的鞭策，而为了能得到“王磊爸爸”的肯定，小队员们都拼尽了全力。

人的精力是有限的，对训练和孩子们的生活倾注了太多的王磊，

对家庭便有了欠缺，而同样是体校老师的妻子孟莹给了他莫大的理解和支持。

金牌教练展望未来

功夫不负苦心人，王磊的弟子逐渐开始摘金夺银。2012 年，第一次在省运会阶段赛拿到了金牌，2013 年便包揽了省运会资格赛丙组的 10 枚金牌。2018 年省运会，摘金 13 枚，2019 年 U 系列全国青少年锦标赛中在 41 个小项目中勇夺 34 枚金牌。二青会蹦床资格赛中，又在所参加的 28 个小项目中，得到 21 枚金牌……截至目前，王磊的弟子斩获了 100 多个全国性比赛的冠军和 100 多项全省比赛的冠军。王磊的名声越来越大，不少孩子慕名投师，而不论是重点队员，还是新来的队员，王磊都一视同仁，科学训练。

机会总是留给有准备的人的，2015 年一青会尚未开始，王磊的目光就落在了二青会上。为了这次盛会，注重梯队建设的他，专门招收了一批小弟子，而此次二青会增设的 9 至 12 岁组别的比赛，正好给了这批小队员用武之地。

不被看好的“光杆儿司令”，如今成了名副其实的金牌教练，各

种荣誉也接踵而至，但王磊从未停止过努力，对他来说，弟子们每次走上领奖台，都是新的开始。

如今王磊已有了50多名弟子，而他依然利用业余时间在蹦床公园教学，为的就是要选拔出有天赋的队员。他的“快手”已有36万粉丝，“抖音”的粉丝更是高达55万。利用快手和抖音，他不遗余力地推广着蹦床运动。展望未来，王磊有两个心愿，一是将山西的蹦床优势不断扩大，让省城太原成为“蹦床之都”；二是希望自己的弟子不论是在比赛中还是在未来的生活中，始终保持奋发向上、敢于拼搏的精神。而他眼下的目标，就是带领弟子们在二青会上摘金夺银，勇创佳绩。

张晋峰

王强：坚持 16 年，终创奇迹

一支足球队，最好的证明大抵就是夺冠。大同市体育运动学校 U13 男子足球队，在总教练、领队王强的带领下，为山西夺得了全国综合性运动会首枚足球项目金牌。

42 岁的王强是吉林人，他在很小的时候，就来到了山西大同，此前是大同体校足球队的一名队员，因为成绩优异，后来被选送进山西省足球队。退役之后，他又回到了自己的球队——大同体校，从事青训工作已有 16 年。

山西省足球首金

2019 年 5 月 3 日，二青会室内五人制足球（体校组）男子 12–13

岁组比赛，在浙江省温岭市体育中心体育馆举行。大同市体育运动学校 U13 男子足球队代表山西省参赛，以全胜战绩夺得冠军，这是山西体育健儿首次在全国综合性运动会中获得足球项目金牌。

这场比赛进行了 5 天，共有 6 支队伍参加，采用单循环的比赛办法角逐名次。山西队在比赛中，展现出了绝对优势，揭幕战便以 11 ∶ 5 大胜香港队。而在全部 5 场比赛中，山西队不仅取得全胜，而且总计攻进 53 球，失 9 球，场均净胜 8.8 球。

比赛结束后，总教练王强脸上是抑制不住的激动：坚持了 16 年，终于创造了奇迹！

是啊，人生能有几个 16 年，王强却带领着他的队伍，十几年如一日地坚持了下来，终获成功。

2019 年 5 月 25 日，于梧州举行的二青会足球项目体校组十一人制男子 14 岁组比赛中，U14 组足球队代表山西出战，获得铜牌。

在此前的比赛中，大同体校便取得过一些不错的成绩。如 2015 年，一青会男子 16 岁组比赛中，第一个打进决赛，于全国 36 支球队中，获得第 11 名。2016 年，获得中国足协全国 U15 青少年联赛亚军。

2017 年和 2018 年，连续两年，在五省十一城市男子足球联赛中，获得冠军。2018 年，在全国青少年超级联赛 U17 组华大区比赛中，获得第 4 名。2018 年，在全国青少年超级联赛 U16 组华大区比赛中，获得第 6 名。

足球从娃娃抓起

每一个骄人的成绩，背后都少不了艰辛的付出。十几岁，正是男孩子撒欢玩耍的时候，他们，却选择了负重前行。

“足球是最考验体能的体育运动，是力量与速度的训练。所以，要想中国的足球有一个辉煌的未来，必须从娃娃抓起，必须打下坚实的体能基础。”总教练王强如是说。球队的大部分成员，都是从五六岁就开始练球了，成绩优异者，则会在 9 至 10 岁被选入大同体校。

11 岁的黄旭东，从 5 岁起就在大同未来之星足球俱乐部进行训练，

9 岁入选大同体校足球队。见到他时，是在训练场上，飞奔的身影，如雨的汗水，是他最显著的外貌特征。“旭东一进体校，我们就朝夕相处，我是一天天看着他从一个孩子，变成一名队员，一名优秀的队员。别看他年纪小，训练最是刻苦，冬练三九夏练三伏，从未缺席。虽然目前他还没有参加过正式的比赛，但他是三青会和下届全运会的重点培养对象。”教练看黄旭东的眼神中，是欣赏，是疼爱。

众所周知，男足一直是中国的痛点。但王强相信，中国人对于足球的热情分毫未减，山西人对于足球的热爱依然在。有很多像他一样的人，都在默默培养着年轻一代。这些一代代成长起来的足球人，会让山西的足球变得更好，终会让中国的足球，走上世界的舞台。

训练不影响学习

大同的凌晨 5 点，是王教练和每一位队员最熟悉的。球队的孩子们都是学生，主要来自大同市平城区十四小学和大同第三中学，全天正常上课。训练的时间都是挤出来的，每天分成两段来进行。

晨练于 5 时开始，训练 90 分钟；下午的训练于放学后 4：50 开始，同样是 90 分钟。足球队共计 120 人左右，一年四季，寒暑易节，人人皆如此。18 岁和 16 岁的队员在大同市体育运动学校体育场训练，14 岁和 13 岁的队员在大同三中体育场训练，都采取封闭式集中训练。

奔跑、传球、防守……走进训练场，是一张张稚气未脱的脸，是一个个满场飞奔的少年郎，动作娴熟，配合默契。他们有一个共同的特点，那就是黝黑的皮肤，这是长期的训练，太阳馈赠给他们的礼物。

年仅 12 岁的吕少卓，身高 1.6 米，是队里一名后腰，中场负责阻截对手攻势，然后将球交予队友发动攻势。他说：“后腰一定要在场上大声呼喊，因为这样才能使你和你的队友明白场上的形势和位置的重要性，保持好整体队形。一个优秀的后腰在场上就是整个球队的枢纽和节拍器，要做到攻守兼备，才能使球队完成进攻和防守。”

每天的训练，让吕少卓增长了另一门技能，那就是：大嗓门。“别

浙 江
温 岭
浙江民泰商业银行
五人制足球体校男子12-13岁组
SHANXI 2019
"民泰银行
室内五人制足球体校男子12
内五人制足球

看他小小年纪，训练场上喊起来却是声音洪亮。”教练王强表现出的是一种对得意门生的赞许。

更广阔的未来

在王强的带领下，大同体校足球队为国家青年队输送了大批人才。2017年，球队培养的6名优秀队员被选进了国家队。这个时候，王强最为自豪：“作为教练，看着我的队员们一批批成长起来，我会用我的方式告诉他们我所理解和热爱的足球。在奖杯和荣誉的光环下，在日复一日艰苦训练的背后，那些成功的欢呼和失败的泪水，那些并肩战斗的情谊和永不言败的精神，会让这段和足球有关的青春闪闪发光。”

这6名队员，都是王强看着成长起来的，就像自己的孩子一样，他们每一次的小进步，对他来说都是极大的满足。

“小溪汇流成江河，才有了今天的冠军，站在领奖台，十六年如一日的坚持，终于有了回报。但冠军已经是过去式，我和教练团队，以及孩子们，将一如既往继续前行，为山西足球乃至中国足球尽微薄之力。”王强眼神中，透露出的是无比的自信。

在王强看来，二青会在山西举行对于足球运动的发展有着重要意义。大同体校在二青会获得的优异成绩，受到省市领导的高度重视。相信今后会有更广泛的投入，使更多优秀的教练员投身到山西足球训练中来，那么，山西的足球事业便会蒸蒸日上。

党三玲

杨拴明：助力二青，挑战吉尼斯世界纪录

八百米壮丽画卷，展表里山河气魄。

十小时精雕细琢，现巧夺天工匠心。

杨拴明穿着一件旧T恤和一条有点皱的运动裤，脚踩一双运动鞋，风风火火走进房间，坐下摸了一把头发，说：“哎呀，为挑战吉尼斯呀，我从小到大的事儿啊，不知道说了多少次了，哈哈……”

凝神聚力铸匠心　精雕细琢树匠魂

杨拴明身上有种“韧性”，任何困难都压不倒他，还有种“傲骨”，从不服输。农民、木匠、包工头、商人、企业家，身份转变的过程，是他完善自我、超越自我、挑战自我的过程。

“我骨子里就是个农民。”这是杨拴明见到我时说的第一句话。“我从小长大的庄户村自然条件恶劣，黄沙漫天，土地贫瘠干涸。”但村子里有个好支书，没有好土地，就带领大家用双手勤劳致富。杨拴明说，他们村里的人每天早早起床，晚上九十点还不睡觉，付出比别人多的辛苦去干农活。村里强壮劳力组成了“副业大军”，十几个人每天五六点就出门，拉着装满生石灰的平车，卖到县城里。每天往返50里的曲折山路，从没有一个人叫过苦、喊过累。多年以后，杨拴明仍然习惯早起，他说：“要早早地起，比别人多出来时间，干比别人多的活，才能挣比别人多的钱。”

杨拴明的父亲是十里八乡远近闻名的木匠，高中毕业后，杨拴明开始挑着扁担和父亲一起去干活。“虽然我家的工钱要比别家的木匠高，但依然会有很多人排队等着我们去做活。”杨拴明说，“其实就是在材料和工艺上严格把关，用现在时髦的话说就是精益求精、工匠精神。”

正是这份诚信和坚持，让他在几十年的经商中不断发展壮大。2007年，杨拴明成立山西伟厦广业房地产开发集团有限公司，在企业不断发展的同时，杨拴明为家乡的文化体育等公益事业尽心竭力。在山西伟厦广业集团里，还有一支独特的篮球队——岚县土豆队。自2012年以来，伟厦广业已连续成功举办了七届来自全球的篮球擂台挑战赛。

一笔空心字　执着工匠心

“我这个人，只要认准了就不放手，干到底。”一笔空心字就是这样一门“不放手”的艺术，无论多少字都一以贯之、一笔写成。字如其人，无论是写字、做事，还是做人，“一笔勾画、永不放弃”成就了杨拴明的人生。

说起与空心字的缘分，是来源于“不服气”。第一次看到有人用硬笔书写空心字，他喃喃自语：“在纸上绕来绕去绕圈圈，那就不是个书法。”但回家后仔细品味这独特的书写艺术，行云流水、一气呵成，实为不凡。于是他用钢笔试了试，却怎么写也连不起来，晚上翻来覆去睡不着，干脆半夜三点把写废的纸捡回来偷偷研究。这一研究，就深深地迷恋上了这个独有的书写艺术，他从简单的字开始练习，慢慢摸索规律，从简单到复杂，从一个字到多个字，杨拴明在书写一笔空心字的道路上越走越顺，越走越远。

区别于其他形式的书法门类，一笔空心字所特有的一笔勾勒、一气呵成、一以贯之的特质，着实深深地吸引着杨拴明。练习空心字以来，他每天雷打不动抽出 2 个小时写字，一点一滴地钻研琢磨。“不写我就手痒痒。有人跟我说话，只要不耽误，我就边写边说。”从钢笔字到毛笔字，从实心字到空心字，从只会右手到双手自由切换。杨拴明写字的过程，也是他成长、精进的过程。

“只要认准了就不放手”，这是杨拴明的信念。既然认准了写空心字，他排除万难也要完成，“厉害的人不仅能够呼风唤雨，还要能够造风造雨”，杨拴明就是这“造风造雨”的人。经营企业，大事小事哪样不得他操心？投入这么多的精力、时间、金钱在写字这件“没啥用”的事儿上，很多人不理解，但再忙再累，他都从未停止练字，他乐此不疲，越写越带劲，越练越喜欢。“坚持”是他生活的常态，是他源于骨子里的品质。“坚持”二字，说起来容易做起来难，杨拴明却真的做到了。他日日练、时时练、处处练，从入门，到熟练，到精通；从学习，到追赶，到超越。

匠心挑战吉尼斯　赤诚礼献二青会

杨拴明此次挑战吉尼斯世界纪录，特别选定了书写毛泽东诗词中大家倍感亲切、耳熟能详的经典诗篇。“毛泽东是中国也是世界的伟人，是书法家也是诗人，在他的诗篇中，不仅有对于文化精髓的传承发扬，有不畏艰难、直面挑战的豪迈气魄，还有对于体育和体育精神的称赞颂扬。民族的就是世界的，我用一笔空心字挑战吉尼斯世界纪录，助力第二届全国青年运动会，更多想传递的其实是一种精神、一种信念，是只要我们认定目标，就不服输、不放手、不到长城非好汉的勇气和决心。”

届时，他将在长 800 米、宽 1 米的宣纸上不间断书写一笔空心字，将空心字天人合一、道法自然、虚实结合的特点展现得淋漓尽致。此次挑战的最大难点在于，800 米宣纸上的数千文字，皆由一笔勾勒而成，勾勒线条总长 20000 米左右，耗时十几个小时，挑战过程不能停顿，不能休息。这就要求挑战者不仅要有良好的书法功底，更需具备超强的空间思维、逆向思维、形象思维能力。无疑，连续十几个小时不间断书写，对挑战者的体力和意志力也将是一次巨大的挑战，更是回归初心、认识本我的升华。

4 月 11 日，杨拴明在北京与吉尼斯世界纪录成功签订了认证协议，以一笔空心字书写方式，挑战吉尼斯世界纪录，获得“吉尼斯世界纪录称号最大的折页书”荣誉，为传承中华优秀文化，让社会重新认识汉字艺术，带动大家对书法的兴趣，把中国汉字推广到世界各地，让世界了解汉字文化做出了贡献。

“以挑战的形式连续十几个小时不间断地书写，让更多的人一起见证一场以毅力磨炼心智的考验，体味更高、更强、更快的体育精髓。”传递现代体育拼搏精神，并以此助力二青盛会，向家乡献礼，为运动健儿加油，真正让二青会成为山西的盛会、全国的盛会、世界的盛会。

张艳伟

张皓然：弯弓展翅，助力健儿追逐梦想

在阳泉郊区大西庄村西侧、漾泉大道北侧，有一座现代化的体育场馆拔地而起，那就是二青会射击射箭的比赛场馆。

这座占地 74.2 亩、总投资超过 2.4 亿元、总建筑面积 12954 平方米的场馆，虽然现在看起来有些偏僻，定位却不低。不仅要完全满足二青会射箭比赛的要求，能够承担国家级综合运动会单项比赛，以及国家级和省级专业队集训转场训练，同时也要满足阳泉体育事业的发展需求。一句话，兼顾现实需求和长远需求，既要有实用性，还要有前瞻性。

时间紧、任务重，一个好的设计是实现所有目标的前提。

一只吉祥鸟

“你也许不信，是那只鸟给了我灵感。”说这句话的，是二青会射箭比赛场馆的设计师张皓然。

那是 2017 年底的一天，他和来自清华大学建筑设计研究院的同事们，第一次来到场馆规划所在地查看。来之前，他们做了充分的准备，还多次前往国家射击馆调研，力求站在前人的肩膀上一击制胜。

谁想，一来他们就傻眼了。地质条件差就不说了，这甚至不是一块平地，而是一块北高南低、西高东低的大坡，落差有 80 多米，其中还有不少断层地带。此外，场馆设计还要考虑到东西两侧的规划道路。如此难度，设计师们一度感到绝望。靠土方填平？那工程量的造价绝对是个天文数字。

就在此时，张皓然在空中看到一只正在振翅飞翔的鸟，瞬时有了灵感——何不因势利导，借助这个地形的特点进行互补式设计呢？在他的设计中，场馆的外形如两个巨大的翅膀，中间的屋顶起到平滑曲线的作用。不仅和射箭的姿势相契合，而且有振翅高飞、实现梦想的美好寓意。

设计工作展开后，张皓然和他的同事将这一理念落实在每一个细节上，力求让“弯弓展翅”的形象和理念得到最大呈现。在后期的夜景照明设计中，通过大量的柱子以及 LED 灯光勾边，更是呈现出万箭齐发的震撼效果。最终，这一“台地”的设计形式得到了广泛称赞，场馆与地形的巧妙结合，使得这座射箭馆宛如嵌在地上的一颗明珠，

所有人都期待着它早日变成现实。

厚积而薄发

能够顺利中标，绝非偶然。张皓然所在的清华大学建筑设计院成立于 1958 年，为国家甲级建筑设计院。现有工程设计人员 1000 余人，其中拥有中国工程院、中国科学院院士 6 名，国家一级注册建筑师 110 名，一级注册结构工程师 70 余名，曾多次获得国家设计奖金奖等国内外大奖，可谓人才密集、专业齐全、人员素质高、技术力量雄厚，是中国最好的建筑设计机构之一。

这么一座美丽的射箭场馆能在阳泉变成现实，大概有两个原因：一是参与投标的清华建筑设计院实力雄厚，且有设计国家射击射箭馆的经验；二是阳泉市政府对这座场馆倾注了极大心血，不仅要其满足办好二青会的要求，更要借助东风建成一座可以满足国家集训和承接单项比赛的一流场馆。

设计一开始，就秉持了人情化、地域化的理念，除了满足二青会射箭项目的需求，还要满足射击馆的需求，力求体现出前瞻性。由于难度大、要求高，设计方案进行了多次推倒重来，不仅在外观上突出特点，也在景观、照明、装修和声学上突出特色。其中，仅屋顶曲线就先后做出了几十版设计方案，最终实现了与地形地貌的完美融合，而排水等实用功能上的设计也绝不马虎，力求十几年不需要翻修，真正做到既美观、又实用。

齐心协力的结果

至今令张皓然难以忘记的，除了那些为设计绞尽脑汁的一个个夜晚，还有阳泉市政府各个部门的通力协作。“没有他们的支持，很难做到这么快，同时还这么好。”张皓然说，当地住建局、发改委、规划局、国土局、体育局等部门的工作人员，天天有人在工地协调各种事宜，很多人这一年几乎就没有休息日，当地领导也是每月都要视察几次，力求把这个重点项目高质量地如期完成。

“整个比赛场馆由 A 区射箭馆和 B 区射击馆两部分组成，中间以连廊造型连接。这个连廊造型的每一块铝板都不一样，施工人员必须现场放料、现场制作、现场安装，做到十分精确，一点也不能马虎。”施工人员介绍，正是因为每块铝板制作得大小不一，才形成了这样弧状的造型，看上去美观大气。

据了解，由于工期紧、任务重，项目建设中还采用了 BIM 技术，通过对水、电、暖、通风等各安装专业管线进行综合优化，为建设主体提供协同工作的基础，对加快施工进度、提高施工质量起到促进作用。

目前，这座场馆的主体工程已经通过验收：射箭馆为二层框架结构，共 3154 平方米；射击馆为三层框架结构，共 9800 平方米。其中，射击 50 米 60 个靶位靶场 1 个，10 米 60 个靶位靶场 1 个，

25米8组靶位靶场1个；射箭40个靶位比赛场1个；同时还建有办公、运动员公寓、功能用房等配套设施。

如今的阳泉，花正红，树正绿，已经为迎接二青会运动员做好了准备。而这座现代化的射箭馆，犹如一只即将展翅高飞的雄鹰，将载着运动员们为梦想开弓，射落属于他们的荣誉和梦想。

宋鹏伟

赵建峰：与二青会同框，为二青会加油

5 月 23 日至 6 月 1 日，2019 年山西省学生排球锦标赛暨二青会排球测试赛开赛。这对于二青会排球比赛场馆之一的山西大学排球馆来说，是一次全方位的检阅。相比之前的改造工程，山西大学体育场馆中心的主任赵建峰更忙了。

为了承接二青会的排球比赛，山西大学体育场馆中心将原来的篮球馆改造为排球馆。经过一年多的忙碌，工程已全部完工，一直负责此项工程的赵建峰已由“体育专家”变为“工程专家”。

通力合作迎盛会

6月2日是个周日，忙完测试赛的赵建峰终于能休息休息，一大早，带着儿子游泳、打乒乓球、打篮球，无论是周末还是节假日，孩子早已习惯父亲的这种休闲方式。受赵建峰的影响，年仅10岁的儿子如今也是一个体育全能小健将，2018年还参加了省运会的游泳比赛。

二青会比赛场馆的建设及改造工程启动时，赵建峰刚接手体育场馆中心主任一职，比起他之前的教练员、领队、场馆中心日常管理等工作，如何改造才能满足二青会的比赛要求，是他当时每天思考和四处求教的问题。

“改造工程的顺利实施，得益于山西大学各个部门的通力合作。为了确保场馆符合比赛要求，在省里划拨资金的基础上，学校又投入上千万元，全方位提标改造场馆、功能房、设备房以及相关附属设施。”赵建峰打开手机，介绍学校场馆改造微信工作群的日常运作。我们在手机里看到，群里都是学校抽调出来负责场馆改造的人员，大家交流的内容涉及场馆改造的方方面面，大到工程整体的设计风格以及布局等，小到观众席座位的颜色、数量等，事无巨细，有时讨论会持续至

深夜。

如今，排球馆的改造已顺利完工，场馆改造微信工作群的职能也重新调整，转向调试、管理和服务等。赵建峰说："此次学生排球锦标赛暨二青会排球测试赛，既是作为二青会排球项目的测试赛，也是对参赛队伍、比赛场馆、整个工作团队的一次全方位检阅，让我们可以及时发现问题，及时整改，全力迎接即将到来的正式比赛。"

细节改造更贴心

此次改造的排球馆位于山西大学体育场馆中心，于 2000 年建成投用，平时是学校篮球队的训练场地，使用多年，设施已较为陈旧。自从入选二青会的排球比赛场馆后，全方位的改造提上日程。对于改造后的亮点，赵建峰如数家珍："这次主要是细节上的改造升级，包括地板的更换、看台的整修、记分台的更新等，我们能想到的全部要尽力做好。比如看台的问题，以前的场馆更多注重的是训练和社会服务功能，为适应比赛需求，我们对原有看台重新设计，并使用了新型的计分显示屏、国旗升降台等。"

除相关配套设施更新外，校方在排球馆的基础建设方面更是下了不少功夫。场馆内外的供电线缆全部更换，灯具全部更换为适合比赛的节能灯具，还增加了空调等，相比于之前的地板，新更换的地板更加美观、耐磨。

而且，二青会排球比赛结束后，只需简单地调整一下，就可以恢复为原来的篮球训练馆，改造不仅增强了场馆的实用性，舒适性也大幅提升。赵建峰强调说："改造材料的选择也是很重要的，我们倾向于选择环保材料，在满足比赛要求的基础上，也尽力兼顾节能环保，这也是此次场馆改造中做得比较好的方面。"

测试赛期间，赵建峰几乎天天泡在排球馆，每天一大早就来到场馆，开灯、开空调，调节好光线和温度。比赛的时候，他就在场馆内转悠，看看观众席的座位有没有破损，空调的温度是否需要调节，记分系统的运作是否正常……一发现问题，就用手机拍下来，发到工作群，与学校后勤处的维修人员联系，共同商量修缮的问题。他说：“前几年在国外进修的时候，我特意学习了体育管理学，没想到这次用上了。体育场馆的管理、比赛前筹备工作的推进，其实是一门管理学，和运动员训练不一样，除了细节外，整体进程的把控更加重要。”

用激情去实现梦想

“体育燃烧激情，教育点燃梦想，作为一名从事体育教育十几年的老师，我更希望借助此次体育盛会，让更多大中小学生的教育与体育更加紧密地结合在一起，用激情去实现梦想。”赵建峰认为，体育运动员有一种可贵的品质，就是坚持和毅力，因此体育不仅可以强身健体，对于学生意志品质的培养，也有很好的促进作用。“过去主要从事体育方面的教学，精力集中在专业运动员的训练上，此次通过参与二青会的筹建，真正意识到一次体育盛会带给一座城市的变化。”

“二青会是我市，乃至我省首次承办的全国大型综合体育盛会，一场体育盛会，改变一座城市，这是此次盛会带给全市人民共同的福祉，特别是广大中小学生。一场比赛，可以让体育更加融入生活。”采访中，赵建峰深有感触地说，“过去的一周，太原人很‘忙’，太原人的朋友圈更‘忙’。忙着到晋阳湖边看一场灯光水秀；忙着穿梭于图书馆、美术馆和各大影院，享受体育海报、体育电影带来的文化盛宴；忙着到博览会上感悟自行车产业发展热潮；忙着奔上赛道体验自行车运动的快乐；忙着在公园健身锻炼……”

“2019 环太原国际公路自行车赛期间，我也带着孩子去感受了一下，现场的氛围非常好，处处都能感受到全民体育、全民健身的热情，每个人都能参与到运动中。”赵建峰认为，比赛会结束，但体育带来的精神和快乐不会远去。自己作为二青会的参与者，感到十分开心和光荣，他也希望把这份热情带给身边更多的人。

目前，除了场馆设备的调试外，赵建峰已经开始对学校报名的志愿者进行相关培训，学生们对于服务二青会的热情十分高涨。赵建峰表示，这个暑假，他要带领学生们与二青会同框，为二青会加油！

郜　蓉

王晶：二青会冬季项目的“运动员管家”

帮运动员吃住行提供服务，为运动员比赛提供保障，比赛中全程像兔子一般保持高度警惕，哪里有突发状况就迅速冲到哪里去解决……二青会冬季项目中有这样一群人，他们默默无闻，在赛场却无处不在无时不有，竭尽全力保障着赛事的顺利进行。90后女生王晶就是这些人中的一员，她凭借自己的专业和认真，成为运动员们称职的“管家”。

科班出身的“运动员管家”

戴着一副大眼镜，穿着一身休闲装，过耳短发，温和笑容，从外表看，王晶和普通女孩并没有什么差别。然而，聊天却发现，她柔弱的身体里潜藏的却是巨大的能量。

论体育，她可以说是科班出身了。王晶毕业于北京体育大学，本科就读体育管理专业，研究生攻读体育人文社会学专业，后来还考取了运动员经纪人资格证书。她说自己虽然不是体育运动员，但是多年来在体育管理专业方面浸泡，让她也不由自主养成了热爱体育运动的生活方式。她每天坚持游泳和快走，而在社交及朋友聚会方面也是多以体育项目为载体，比如以相约一起打球的方式来聚会联络感情，以一起跑步的形式来谈一些事情。

“运动真的能上瘾，现在我如果三天不运动就会觉得非常累。低落的情绪也只有在运动中才能渐渐消散，没有什么是打一顿球不能解决的。”王晶笑着告诉记者。由于他专门负责运动员比赛的一系列事宜，所以相关运动都需要掌握一些，也相当于“半个运动员”。比如冬季冰雪项目中，她也需要套上滑雪板滑入比赛场地查看情况，做好前期预防、事后补救等事宜，以保障运动员能发挥出最好的状态。

见证从无到有的冰雪“拓荒者”

王晶 2017 年底进入体育博物馆上班，主要负责一些讲解接待、文字写作等工作，2018 年 6 月份被借调至二青会组委会工作，主要负责冬季竞赛项目。王晶说，自己参与了这项工作才发现，原来之前冰雪竞技类项目之于山西几乎是零，此前国内的这类赛事中几乎没有山西的影子。她和她的几个同事见证了山西冬季项目从无到有的全过程，她说他们就如同“拓荒者”一般，摸着石头过河。面对周围一些山西“没经验”“没资源”之类的唱衰声，他们冬季项目组六个人坚强地努力着。查阅相关资料、找专家谈、找教练聊，一步步摸清全国形势，理清山西大体脉络。渐渐地，工作开始有了起色，他们也心情振奋，更加奋不顾身地投入进来。王晶说，由于时间紧任务重，他们项目组每个成员都是争分夺秒、全力以赴，而她连结婚都是利用双休日时间火速完成的，之后也一直没有时间休婚假。

等到2019年初二青会冬季项目开赛，她便开始履行起“运动员管家”的职责：前期去比赛场地查看情况，帮助运动员注册，与运动员对接并帮助其报到，为运动员安排好食宿以及打理好往返行程。去比赛现场全程查看比赛、比分，随时做好应对突发情况的准备。

累并快乐着的赛会“消防员”

说起这项工作的苦，王晶笑着说真是刻骨铭心。2019 年 2 月份二青会在崇礼云顶滑雪场有一个冬季项目比赛。在零下 30 多度的严寒中，王晶和几位同事还需要肩负起为现场运动员录制视频的任务。由于戴上手套影响按键操作，王晶便裸着双手在寒风中拍摄，拍完发现双手已经冻得失去知觉，就连手机也被冻得无法启动了。晚上，她忙完一切拖着精疲力竭的身体准备回酒店休息，却接到小运动员母亲的电话，说第二天将上场的运动员此刻肌肉有些紧绷，急需放松按摩。王晶毫

不犹豫地开车前往运动员居住的山上。由于满地积雪，王晶的车开得异常艰难，费了好大的劲才去到运动员休息的房间为其进行专业放松按摩。

比赛期间，她得知自己大学同学作为自由式滑雪国家队领队，和自己住在同一家酒店。同学住五楼，她住八楼，就这样近在咫尺的距离却因为各自忙碌而在好几天时间里顾不上见面。许久不曾谋面的两个好朋友最终只能在微信里遗憾地互道珍重。

王晶坦言，哪儿有情况就得迅速冲到哪儿去，感觉自己就像消防员一样时刻准备着在赛会中“救火”。虽然这项工作的确很忙很累，但她却觉得格外快乐。因为她在这个工作中所接触到的都是非常优秀的人，让她学到了很多。论担当，她是 90 年的，但还有不少 93 年甚至 95 年的更年轻的伙伴以其独当一面的能力、无怨无悔的付出让她刮目相看。论认真，很多比自己年纪大职位高的人事必躬亲、踏实认真的态度让她颇受感动。她说，与优秀的人为伍才能激发自己的动力，高压力的工作才能激发自己的潜能。

以二青会为荣的体育研究者

王晶说，实际上在被借调到二青会之前，自己就曾经撰写过一篇题为《二青会对太原城市发展的影响研究》的论文，从体育研究者的视角看待如此大型体育赛事对于促进太原市经济增长、基础设施建设以及提高城市知名度的积极作用。一直以来，外界对太原乃至山西的刻板印象都是依赖煤炭，空气质量差，环境脏，整体印象分低。二青会正好是一个契机，可以通过窗口效应告诉外界真正的山西是什么样子，可以向全中国乃至全世界展示山西蓝天碧水的生态环境和现代化的都市形象。

王晶说，自己是土生土长的山西太原人，非常热爱自己的家乡。这里无论自然环境还是人文环境都让她觉得十分舒服，所以她在北京完成学业后仍然选择回到故乡。

“我觉得自己生逢其时，所以才能获得命运眷顾，得以为二青会效力。有了这个经历，我觉得我以后出去跟人聊天都能炫耀好久。等我将来有了孩子，我都能把这些事拿出来吹一辈子牛。哈哈……”

孙耀星

王晶晶：玩转体育的“跨界”医生

在医者王晶晶的身体里，还有一颗热爱体育的心。作为一个土生土长的山西人，基础医学硕士毕业后，他还是选择服务家乡，成为山西省儿童医院的医生；而另一方面，因为能点燃热血的足球爱好，他从单纯踢球，发展到举办赛事，成了不折不扣的“足球人”。而今，作为二青会医疗卫生部驻会工作人员，从“跨界”到“融合”，王晶晶的双面人生已经渐渐融为一体。

大医梦想

一副细框眼镜，声音醇厚温和，让人不自觉放松下来；但身上的运动T恤和精瘦结实的身材，又有种完全不同的精气神……

“我的主业是医生。”王晶晶向陌生人介绍自己时，总是这样说。王晶晶确实是个不折不扣的医者，而且还是很优秀的那种。2004年，他从第四军医大学临床医学专业毕业，在西京医院急诊科入职的第一年，他就光荣地成为该院“十佳医生”之一。工作两年后，他在山西医科大学基础医学专业继续深造，研究生毕业后，2010年进入山西省妇幼保健院，先后做过妇产科、儿科医生，最终在医务科做起了医务管理。“上本科时，我就和同学说过，最不愿选儿科、妇产科。实习时，我特别羡慕去医务科轮转的同学。结果，冥冥中，我还是被分配到了妇幼医院……”

“学了近10年医，又是优秀的临床医生，却转行做管理，不觉得可惜吗？”记者的提问显然也是大多数人的疑惑。王晶晶的回答却认

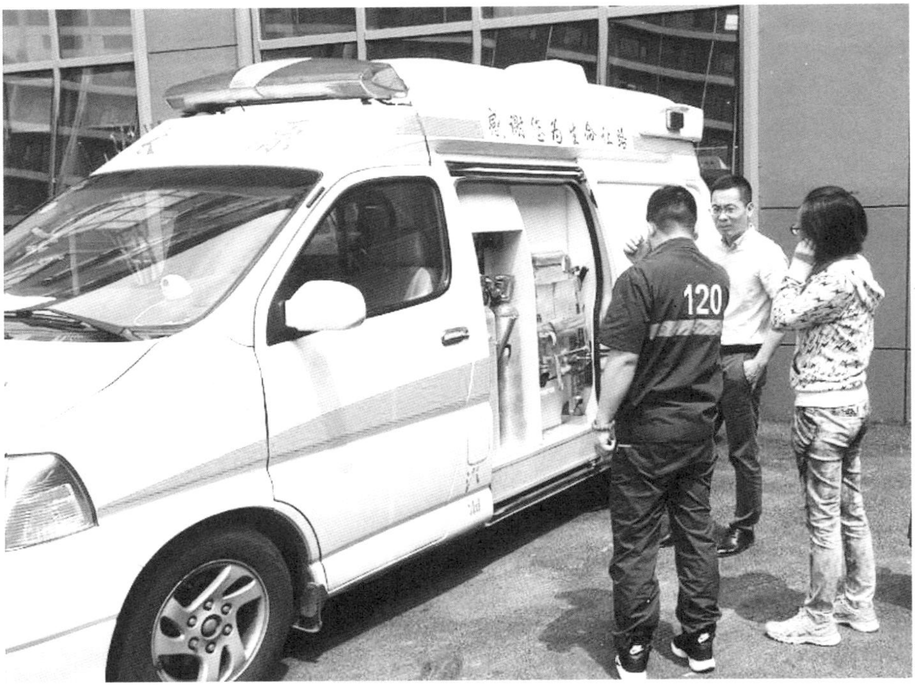

真而让人意外：“做一名临床大夫，无论你多优秀，救的人总有限，可如果我能改进一项管理措施，完成制度的改变和突破，那受益的人群就广了。孙中山弃医从政，鲁迅弃医从文，大概也是这样的心境……”怀着大医梦想，王晶晶在医务科兢兢业业地奉献着。2017 年 11 月，他出色地组织了山西省妇幼保健院主办的“第五届世界健康大会”，获得与会专家的认可。2018 年 8 月 19 日，首个“中国医师节”上，他协同团队成员成功举办大型活动，也赢得了大家的掌声。

“玩”转足球

足球，是王晶晶人生的另一面。因为足球的魅力，似乎这一面更为精彩。

读高中时学习压力大，能在有限的休息时间踢踢球，“嗨”一下，就是很奢侈的了。上大学后，更深入了解、参与足球运动，这份热爱也渐渐深入骨髓。

2010 年，王晶晶在家乡创办了山西省第一家县级足协——原平市足协。目的很单纯，只是希望让热爱足球的人在更规范的环境下，享受球赛。当时，初出茅庐的他，打算向做生意的父亲借 3 万元验资资金，被断然拒绝，“玩物丧志，好好的医生不当，我不会把钱给你打水漂……”一次碰壁并没有让他放弃，王晶晶左思右想还是决定和父亲深谈一次。“我只说了两个理由：第一，这 3 万元是验资资金，会很快归还；第二，现在从国家层面都在重视足球发展，如果我们原平走在了前面，就一定会占得先机，获得更大发展。”这次，父亲没有责骂，反而支援了他 5 万元启动资金。而他只用不到两年时间，让原平足协的“常住人口”，从十几个增加到了百余个。

2012 年，在太原工作的王晶晶很快发现，县级足球已远远容不下他的足球梦。2014 年，他遇到了执行力一流的拍档成嘉玉，两人一同成立了太原（业余）足球联盟。2016 年，他们又结识了志同道合的樊晓斌，“三剑客”联合创办晋超体育，并于同年 8 月组织起了山西足

球超级联赛（SSL）。比赛得到了当地政府大力支持，也得到了足球人的认可。在闻喜的比赛现场，看到从全省各地涌入的5000多名观众，他的心久久不能平静。

2017年，山西省足球协会换届选举中，王晶晶以一个“行外人”的身份，入选省足协，并担任执委和竞赛委员会主任，他也是执委中唯一具体举办过足球赛事的人。

结缘二青会

2019年春节长假刚过，一通来自山西省卫健委的电话，把王晶晶和二青会“拴”在了一起。上级抽调他参与二青会的医疗保障及现场救治协调工作。“可能是因为我既懂医学专业，又有举办体育赛事的经验，能够更全面地把控赛事对医疗保障团队的要求。”春节后，王晶晶就驻扎在了二青会组委会。

为了离工作单位近些，王晶晶把家安在了城市东北角的“富力城”，到二青会组委会上班的这几个月，他每天早晨不到7点就要出门，开一个多小时车，绕过大半个太原城，才能赶到“红灯笼”。

6月上旬，二青会组委会办公楼里，倒计时牌正一分一秒地闪过，王晶晶正和伙伴们复盘着每个赛事场馆医务安排的具体细节。为确保正赛时医疗保障工作能尽善尽美，他们必须抓住场馆预赛的机会，提前演练，像“啄木鸟”一样，揪出存在的问题。

在不久前的田径馆预选赛中，一名运动员突然发病，场馆医护人员和120急救人员在第一时间赶到，并将该运动员送到医疗室。王晶晶却从这次协调配合中发现了几个问题：“首先运动员队医没有在场，医护人员无法准确知道伤患的既往病史、过敏史等；其次，场馆内医疗室的设置不太合理，距离比赛场地有些距离，不利于迅速救治；第三，该运动员之前患有心肌炎，现在发病，最好能迅速转至医疗机构，场外绿色通道转运能力有待考验；此外，运动员的用药禁忌也是参与救治医护人员需要掌握的……”

简简单单一个现场，王晶晶他们就发现了不少问题。“尽管我们提前制订了周密的预案，但很多平时想不到、注意不到的细节问题，只有通过实战才能表现出来，而这些细节，往往才是真正考验赛会主办方的地方。”

人生最大的成功，莫过于在自己梦想的天空下，让所有梦想成真。王晶晶说，经历过，就是成长。

魏　薇

荣丽婷：礼仪让我更美丽

俗话说，没有规矩不成方圆。做事遵循章法，可以事半功倍；仪态遵循章法，则可以让形象熠熠生辉。荣丽婷，作为山西省二青会的礼仪志愿者培训师，她就是要通过礼仪志愿者们整齐端庄的仪态来展现山西的大省风范。

礼仪让自己更美

初见荣丽婷，秀发如瀑，白皙秀气，颀长苗条。虽然一身休闲裙装，但良好的仪态让她显得端庄而不随意。荣丽婷坦言，由于父母都是极度自律的人，她从小所受的家教就十分严格：被要求“站有站相坐有坐相”，无论在自家餐桌上吃饭还是去别人家拜访，都有各种各样的规矩。她小时候难以理解，但随着渐渐长大，她发现遵循一定的规矩和礼仪，不但会让别人更容易接纳，而且能让自己看起来更美，在一群人中显得出类拔萃。青春年少的她有了这样的体会后，在高考后毅然上了山西旅游职业学院的航空专业，开始接受更专业更高标准的礼仪训练。三年后，她又考入山西大学进修法学专业。她说，这两个专业看起来风马牛不相及，但实际上都是对为人处世的规矩约束。中国自古就注重礼法，法律是在人的做事层面立规矩，礼仪是在人的仪态层面做约束，遵守好前者可为自己雪中送炭般带来平安，遵守好后者则可为自己锦上添花般带来发展。

正是怀着对礼仪的强烈喜爱，毕业后的荣丽婷凭借自己努力，入职山西航空产业集团，并由一名礼仪受训者逐步成长为礼仪培训者。

加之长期在航空服务业对服务礼仪的摸索和历练，她开发出了十余个关乎礼仪的课程。除此之外，在民航多次举办的技能比赛上，她以出色的表现为山西民航争得荣誉。日渐成长的荣丽婷也逐渐在国际会议上崭露头角，开始担任主会场礼仪志愿者和督导：G20 峰会、一带一路峰会、金砖五国峰会……值得一提的是，在金砖五国保障期间，包括荣丽婷在内的服务保障队伍受到了王毅外长的首肯和点赞。

此次，第二届青年运动会在山西举行。首次举办如此高规格的全国综合性大型运动会的山西对此极为重视，聘请她担任此次二青会的礼仪志愿者培训师。荣丽婷说，作为一个太原姑娘，她为自己被家乡委以如此重任而感到骄傲。她开始搜集大量的会议礼仪资料，翻阅包括 2008 年北京奥运会在内的众多大型国际赛事礼仪资料，吸收其优点。她预先设计了多套现场备用方案，并设计出“人、机、环、管”等四大流程，确保现场礼仪工作的万无一失。

礼仪让山西更牛

“头正肩平立端正，双手叠握小腹前……”在高校大学生训练现场，盘起头发、一身干练职业装的荣丽婷作为二青会礼仪志愿者老师，正认真指导着女大学生们的一举一动。为了便于大家更好地理解，荣丽婷将礼仪动作要点编排成七律诗或五言绝句，礼仪志愿者们根据荣老师发出的指令慢慢体会正确站立时身体各部位的感觉。荣丽婷介绍道，这次礼仪培训除了所有礼仪服务基础的培训外，还增加了体态仪表、颁奖礼仪、举牌礼仪等方面的训练，其中站姿、走姿、蹲姿、引导手势以及托盘姿势等，看起来简单，但需要志愿者们每一个动作、每一个眼神都不能马虎，且要达到标准，因此必须从细节抓起。为了让站姿保持腿部并拢，训练的时候，需要在膝盖之间夹上一张 A4 纸，在头上顶一本书。颁奖时笑容要求尽量露出 6 到 8 颗牙齿，姑娘们在训练微笑时，还会咬着一根筷子，以达到最好的效果。而根据多年经验，她发现好的礼仪除了动作整齐标准，还有最重要的一点就是眼神一定要传递出活力、亲和、热情，这才是礼仪志愿者的灵魂所在，这样才能更好地凸显山西女大学生的精神风貌。

经过层层筛选，共有330名太原市在校女大学生通过二青会太原赛区礼仪志愿者面试选拔。为确保礼仪志愿者服务质量，展现新时代大学生的青春风貌，二青会市执委会志愿者服务部在完成赛会志愿者通用知识培训的基础上，结合G20杭州峰会、福州一青会志愿服务工作先进经验，主要围绕礼仪基础、服务意识植入、仪容仪表、静态礼仪、动态礼仪五大模块18项内容开展进一步培训。

荣丽婷说，虽然时间紧、任务重，但是能够为新中国成立以来山西首次举办的大型综合性运动会贡献自己的力量，志愿者们还是感觉无比荣耀和自豪。在这些年轻女孩身上，她感受到了青春、热情，一个蓬勃向上的山西正通过这些礼仪志愿者生动地展现给全国乃至全世界。

礼仪让境界更高

就在二青会礼仪志愿者培训开始的头一天晚上，荣丽婷的奶奶突发脑梗紧急住院。这个消息对她而言犹如晴天霹雳。荣丽婷从小和奶奶一起生活，感情非常好。她当即生起一种强烈的冲动，要将工作推掉去医院陪侍奶奶。她想尽最大的努力去支持奶奶战胜病魔，生怕没有自己在场助力，奶奶挺不过去这一关，生怕礼仪培训结束，奶奶也撒手人寰见不上最后一面。

就在她泪流满面地纠结时，爸爸看出了她的心思，说："放心去培训吧！家里有爸爸在，相信奶奶会等着你回来！二青会是山西目前举办的最高规格的运动会，这是咱山西人的脸面！能尽一份力是咱们荣氏家族的荣幸，一定要全力以赴！"荣丽婷的爸爸，这个多年的老党员，一位工作30年的优秀乡村医生，用自己的觉悟给了女儿醍醐灌顶般的教育。

第二天，荣丽婷放下所有的顾虑，去到二青会志愿者训练现场，专心地带领女大学生们练习着一个又一个的标准礼仪动作。此刻，她心里释然了："虽说我们中国作为礼仪之邦奉行百善孝为先，但自古忠孝不能两全。如果为国尽忠和堂前尽孝发生冲突，那只能是舍'小我'而顾'大我'。如果奶奶知道实际情况，也一定会支持我为国尽忠，一定会为我感到骄傲的。"

或许是那份孝心感动了上天，荣丽婷将近一周的培训时间里，奶奶的病情没有恶化，反而得到了控制，趋于稳定。全身瘫痪不能说话的奶奶，在看到荣丽婷爸爸贴到面前墙壁上的印有孙女培训二青会志愿者大照片的报纸时，居然能够转过眼珠，目不转睛地盯着看。而当荣丽婷培训结束，第一时间飞奔到奶奶病房时，对别人没有反应的奶奶居然对着孙女高兴地流下泪来。坚强的奶奶就这样硬挺着等到了孙女完成工作，陪着自己走完人生最后一程。

荣丽婷感慨道："从小到大对礼仪的学习，让我不仅成为一个有孝心的人，更让我成为一个心中有大爱的人，让我成为一个格局、境界更高的人。这次二青会为志愿者做礼仪培训的宝贵经历，也让我更爱太原，更爱山西，更爱我们的伟大祖国。"

孙耀星

南小飞：拼搏的青春最出彩

二青会作为全国范围内举足轻重的重大赛事，也是山西省目前举办的规格最高的盛会。其组委会就是保证二青会顺利进行的一个心脏机构。90 后男生南小飞是二青会组委会中的一员，他一天比一天忙，但是却累并快乐着。他说，能参与组织一次二青会是自己莫大的荣幸，而想要办好如此重大的赛事，属于他们年轻人的拼搏精神必不可少。

拼体力

下午两点半，记者在山西红灯笼体育场见到了90后男生南小飞，他穿一件印有红色国旗的蓝色运动T恤、理着干练的小平头、身材精瘦却有活力、眼睛不大却目光炯炯。他说自己刚刚游泳回来，由于其他时间太忙，他就抽午休时间每天花半个小时游泳一千米左右，这个习惯已经坚持了一年有余。他说每天的运动能帮他保持充沛的精力，以应对一整天繁杂的工作。

他说，在偌大的红灯笼体育场周围工作，充沛的体能是工作的基础保障。由于他参与招商引资、特许经营、社会捐赠、票务、运动会物资管理等多项事务，忙的时候一天能接上六七十个电话，赞助商一天能谈十几家。经常是在赞助接待处处理赞助商的事宜，还需再去组委会其他部门协调其他事宜。“每天走两万多步是正常的。”南小飞笑着告诉记者。“咱是年轻人嘛，所以这些需要多耗费体力的事情自然得咱冲到前头去干。”

拼合作

对于南小飞而言，能在二青会组委会做事，除了体力好，还有很多重要能力也要突出。南小飞毕业于山西大同大学工商管理专业。后来他到武警四川总队凉山州支队服兵役。两年的军旅生涯为锻炼他的意志力，打造吃苦耐劳的品质打下坚实的基础。后来，他参加山西省直事业单位统一招聘考试，考入山西省体育博物馆工作。2017年底，能吃苦耐劳、懂团队合作的南小飞被借调到二青会组委会资源开发部，正式开始为二青会赛事出力。

二青会组委会工作人员数量庞大，仅他所在的资源开发部就多达三四十人。这些人有的来自专业的赛事策划公司、有的来自一些文化广告公司、有的是律师、还有一些新招聘的年轻人员。对于这样一个

由不同年龄、不同行业、不同地域、不同想法的人们临时组成的单位，面对着这样一群特殊的同事，怎样与之更好地合作，更好地工作，是南小飞经常考虑的事。这种锻炼也让他获得了更强的团队合作能力。

拼沟通

南小飞说他大学时候学的是工商管理专业，因此被专门委派了与各类工商企业谈赞助合作的重要工作。而这个工作中，思考周密、会沟通的优点就变得非常重要。虽说二青会赛事自带热搜的属性让其不用担心赞助商的来源，但这些赞助商赞助什么资源比较合适，如何让资金不足又想合作的企业达成心愿，如何更好地转化这些资源，是南小飞在业务工作上需要时刻思考的问题。

根据赛会标准，合作伙伴是二青会最高规格的赞助形式，一般不低于 2000 万元，赞助商不低于 1000 万元，独家供应商不低于 600 万元，供应商不低于 300 万元。而对于经济实力不强的企业或山西特色产品企业，则为其准备有 30 万元、50 万元等不同级别的特许经营合作方式。

对于谈下来的这些合作所得，按照钱交财政、物交组委会、服务对接指定部门的原则，再将其分类递交。

南小飞告诉记者，目前已经谈妥的企业包括中国移动、联通、匹克等，还包括山西本地不少企业，如汾酒、晋能、太钢、启程饮料等等。这些亮眼的成果无一不需要好的沟通技巧。

拼速度

南小飞坦言，在参与二青会赛事的过程中，资源开发部根据安排参与 2018 年全国游泳冠军赛暨亚运会选拔赛、全国田径冠军赛等招商工作，积累了一些经验。他发现，举办这些赛事，速度快、效率高非常重要。

此次二青会是史无前例的冬夏季赛事并行，早在 2019 年 1 月中旬，大同举行的单板滑雪项目就为二青会拉开了序幕。作为二青会首赛，时间紧任务重，开赛半个月前接到了要求准备相关奖牌等竞赛物资的通知。“临危受命”的南小飞迅速调整好状态，火速与相关生产企业取得联系。企业虽然认为时间有点紧，但经过一番分析与合理安排，也立即开足马力投入生产。

赛前，看着精致考究的比赛服与亮闪闪的金、银、铜奖牌等其他物资平安按时送到，他感受到了事先多方考虑、周密安排为自己带来的高效工作的成就感。

拼青春

在组委会办公楼大厅，电子屏幕上打出“距第二届全国青年运动会开幕还有 77 天”的提示语。而一旁的大幅滚动屏幕上，反复滚动着几行大字：“办好二青会，一刻也不能停，一步也不能错，一天也耽误不起。”南小飞说：“这就是我们工作的真实写照，每个人都像一个上紧发条的机器，每天拼命运转着，而且全程小心谨慎，时刻高度注意。我们都觉得这次二青会太难能可贵了，一定要做到更好。”

走廊里白墙上二青会的大红宣传标语“青春的约会，拼搏的舞台”分外醒目，南小飞说：“自从借调到二青会组委会，自己就特别忙，但感到充实而幸福。能参加一次二青会的组织筹备，我感觉是自己最大的荣耀，我还年轻，为了这么一件伟大的事情去拼搏，这是我的使命，也是我的福气。我要全力拼搏，只有拼搏的青春才最出彩！”

孙耀星

韩利萍：我们都是追梦人

“全国三八红旗手”“全国技术能手”“大国工匠”、国家级技能大师工作室领衔人、中华技能大奖获得者、党的十九大代表、全国妇女十二大代表……不久前刚刚荣获“全国三八红旗手标兵”称号的韩利萍，这几天又多了一项光荣任务和特殊使命——第二届全国青年运动会火炬手。“能够成为一名光荣的火炬手，为盛会传递圣火，这不仅是我个人的荣誉，还是广大生产一线工人的荣誉。”韩利萍激动地说。

有梦想谁都了不起

韩利萍是山西航天清华装备有限责任公司的一名数控铣工。

1991 年，她高中毕业后，走上了铣工岗位。没有上过技校，也未接受过训练，起初连看图纸，她都觉得费劲儿。那时候，由于常加工出废品，师傅训人不留情面，韩利萍在工作中可没少哭鼻子。记忆刻骨铭心，至今难以忘记。

“那时候我还年轻，生活历练少，可是偏就有一股子不服输的劲头。也许，这正好契合了当下提倡的体育精神！生活之中处处有挑战，关键时刻还要看自己怎样看待和应对。我的经验是努力拼搏、永不言弃！”

韩利萍经历的那个年代，中国女排勇夺“五连冠”的热潮尚未退却，女排姑娘们顽强拼搏的精神正激励和鼓舞着一代又一代人，这也给韩利萍留下了难以磨灭的深刻印象。每当想起女排姑娘们举着奖杯站在领奖台上的情形，她觉得，自己也能够从中汲取到奋斗拼搏的无穷力量。

每次来了新徒弟，她都会不厌其烦地告诉他们，不论经历怎样的人生，一个人首先要有梦想，身为一名普通铣工，机床就是梦想开始的地方。

干一行就要爱一行

“机床越复杂，需要人的能力就越强。如果只是‘半瓶子醋’，对什么都一知半解，那机床也会时时处处与你为难、作对。”这是韩利萍常对徒弟们说的一句话。多年来，她一直选择与机床做“闺蜜”。

一次，师傅交给她一个零件，由于零件内部结构复杂，再加上缺乏空间想象力，她拿着图纸左看右看，总觉得头脑有些发蒙。直到有一天，她在家里做晚饭，手里握着菜刀准备切土豆，脑子里还在想着白天加工零件的图纸。不知怎么的，那几个放在案板上的土豆，被她切成了不规则的一块块。她脑子里灵光一现：能不能用家里的土豆切出零件模型呢?

“把土豆切成零件的样子，这样可以帮助我更好地理解图纸上零件的内部结构。”靠在家里练的笨功夫，韩利萍的技能有了极大提高。

韩利萍是公司里第一批接触数控机床的人。2000 年初，中国航天装备开始升级换代，公司引进了第一台数控铣床，韩利萍成为第一个“吃螃蟹”的人。为了弄懂一个指令代码，她经常在机床边一站几个小时；为了解决宏程序的逻辑问题，她骑车一个多小时，去专业院校向老师请教；为了攻克加工零件时遇到的变形问题，她通宵达旦反复做切削试验，直到达成目标……

“做任何事情只有坚持到底，不懈努力，才有成功的可能。这也是体育精神的体现！”

应知学问难，在乎点滴勤

在航天领域有一句话：“成功是差一点的失败，失败是差一点的成功。”

韩利萍负责的精加工火箭发射平台支撑装置控制阀体类零件，必须追求极致，精益求精。人们熟知的长征七号火箭在起飞之前，是靠分布在圆周范围内的 4 个支撑臂在平台上站立的，4 个支点调平精度必

须高度一致，如果出现 1 度偏差，将会导致高 50 多米、重 600 多吨的火箭偏离发射中心 872 毫米。

可别小看这 800 多毫米，它将产生 20% 的过载，直接导致火箭发射无法精确入轨。韩利萍负责的加工精度是影响系统精度的关键环节，为了攻克这一难题，她反复调整加工方案，不断优化切削参数，摸索刀具磨损规律。那段时间，她走路在琢磨，睡觉在琢磨，甚至吃饭时突然想到新点子，也会撂下碗筷跑回单位做试验，全家人都以为她“魔怔”了。

就这样，经过近 3 个月反复试验摸索，她终于找到了症结所在，整理出各种刀具的磨损曲线，确定并提出了新的工艺方案，一举解决了一次交验合格率仅为 20% 的难题，为我国中、大型火箭发射平台制造注入了创新元素。

“有时候，遇到暂时的失败并不可怕，在工作生活中我们也要有勇于接受挑战，永不言输、永不放弃的体育精神。”

敢想敢为，领跑新时代

如今，韩利萍已是厂里鼎鼎有名的技能高手。26 年来，由她加工的关键零件，相继用在了长征系列火箭发射平台上，稳稳地将“神舟”系列飞船、北斗卫星、“天舟货运飞船”送上太空。

韩利萍常常提醒自己，一线技术工人要不断提高自己的业务技能，才能紧跟时代不落伍。2012 年，以她的名字命名的“国家级技能大师工作室”成立。工作室成立以来，先后实现技术革新 300 余项，成功申报并获得 11 项国家专利，涌现出一批全国技术能手、航天技术能手、三晋技术能手，被誉为公司“攻坚克难的基地、技术交流的平台、人才培养的摇篮”，被中华全国总工会命名为“全国示范性劳模工匠人才创新工作室”。

“日月不肯迟，四时相催迫。”2019 年，将迎来中华人民共和国成立 70 周年，在这个属于奋斗者的新时代，韩利萍在奔跑中奋力逐梦，

努力做一个新时代的追梦人。她也希望，在接力奔跑的圣火传递中，不仅要传承体育精神，更要在今后的工作中继续发扬勇于创新、敢想敢为的奋斗精神，不断在实践中锤炼自己，掌握过硬的技术本领，努力为祖国的航天强国建设贡献力量。

裴　怡

郭蓉蓉：从绿果路到“红灯笼”

每天开车沿滨河东西路上下班，不知不觉间就经过了10座跨河大桥，40公里的景色每天看不够，而这样的日子，不知不觉就是三年。1000多个日日夜夜里，看着从无到有的青运村，一天天“长高”，到落成；看着周边的柏油路，一天天变长，又变宽；看着美丽的“红灯笼”从春到冬，从秋至夏，四时美景交替出现，身为二青会火炬手的漂亮女孩郭蓉蓉，心里头总会涌上一种说不出的成就感和满足感……

幸运与体育结缘

眼前文静内敛的郭蓉蓉，大学里读的竟然是与体育相关的专业，这一点有些出人意料。

当年，因为备战高考，她与体育结缘。高考前的那段时光，郭蓉蓉每天在中学体育老师的带领下，和同学们一起爬上崛围山，再跑步下山去，两个多小时的路程，既增长了腿力，又锻炼了耐力。说起来，还是她学生时代最重要的一份收获。

“我没有想到，上学时读的体育教育训练学专业，不仅帮助我找到了一份适合自己的教师工作，而且还让我与二青会也有了亲密接触！”

小郭爱笑，一张嘴露出一口洁白整齐的牙齿。人们常说，爱笑的人都是幸运的，她说，自己也的确很幸运。

上大学期间，她是山西师范大学的校三好学生、校优秀党员和省优秀团干，后来被保送读了研究生，还获得过国家励志奖学金，是同

龄人中的佼佼者。2014 年研究生毕业时，正赶上山西体育职业学院招录教师，经过几轮考试，她最终以优异成绩被学院录取，开启了教师职业生涯。2017 年，她又幸运地被二青会筹委会抽调到办公室工作，成了全省众多二青会参与者中的一员。

韶华与盛会邂逅

刚刚来到筹委会位于“红灯笼”附近的临时办公点上，眼前的景象令郭蓉蓉有些吃惊：灰色的大楼一片零乱，脚下四处堆放着物料，就连大楼四周，看起来也像是一个庞杂的大工地。村庄在拆迁，道路还泥泞，甚至错过了饭点，想找个地方买些零食都不可能。

难道这就是未来二青会的主办地吗？郭蓉蓉心下疑惑，是不是自己没找对地方？可是，门口悬挂的牌子上写得明确，筹委会就在这儿！

"当年，我是因为高考才选择了与体育相关的专业，现在又因为体育专业而与二青会结缘，眨眼之间又成了筹委会工作人员中最年轻的老队员。"说起刚被借调到筹委会工作的经历，郭蓉蓉觉得，曾经经历的一切，都仿佛是昨天刚刚发生过的一样。

那时，她还有些不适应。因为，才刚适应了教师的本职工作，突然间换了工作环境，不仅要认识在这里工作的每个人和每个部门，而且还要一点点从头做起：要熟悉会议流程和接待工作，要学会组织和策划活动……作为二青会对内对外工作的一个窗口，筹委会办公室的每名工作人员都必须严谨认真，不能有半点马虎，而且还要时刻保持充沛的体力和饱满的精神。

"这里的每一项工作都富有挑战性。我喜欢接受锻炼和考验，更想挑战一下自我，所以就留下来了。"

成长中收获快乐

三年，很快！

可是，刚去时，由于不熟悉工作，又缺乏经验，返工修改文件甚至推倒了重来，对她来说都不新鲜，有时甚至要加班到凌晨1点多钟。

当一天的工作结束后，她还要独自开车回家。在从“红灯笼”省体育中心至二电厂附近的绿果路，一段长达40公里的回家路上，她经常疲乏得睁不开眼，便索性在路边找个安全的地方停好车，打开双闪，趴在方向盘上眯上5分钟，等困劲儿过去了再继续往前开。为了路途不寂寞，她专门在车上挂上了一枚小铃铛，清脆的铃铛声也能够帮自己提提神。

“人这一辈子，当你回首往事，能有几件是值得回忆，并能够被提起的？”郭蓉蓉常常用这句话向自己发问，提醒自己要做就做好，要做就做最好的。

2017年，她跟随筹委会到天津全运会上“取经”，为期四天的学习观摩活动，让郭蓉蓉真正体会到什么是体育精神，还有竞技体育的魅力。

当时，大家一起坐在看台上，齐声为山西队呼喊加油的情景，至今深深地刻印在她的记忆中，每一幕都挥之不去。从那儿回来后，她变得比以往更加关注和热爱体育。每逢中央电视台直播体育赛事，她都会认真观赛，还要看一看运动员里有没有山西人，有没有山西队，有没有自己的学生。

“现在，国家越来越重视全民健身运动，这次能为‘二青会’服务，是我一生的荣耀。在这里工作三年，我不仅收获了朋友，收获了知识，收获了成长体验，还更加明白了体育精神的内涵，坚韧不拔、迎难而上就是‘二青会’带给我的最大一笔财富。”

全家人为之骄傲

在最好的年龄，最好的时光，幸运地与二青会邂逅，每每回想起三年来的难忘经历，郭蓉蓉总有一种想哭的冲动。“是喜极而泣，是不忍放下。二青会召开在即，我们与她告别的日子也快要到了。这三年，我在手机里保存了许多张照片，记录下了自己参与盛会的许多重要时刻，每一次翻看，都有很多感触。”

想起三年前，刚刚在二青会筹委会从事工作，郭蓉蓉回家向亲友们提及这项自己正在参与的盛会，家人还不能完全理解，大家甚至不知道这究竟是一项什么活动。而今，情况大不一样。在她的身边，知道“全国第二届青年运动会”的人越来越多，甚至每次回家，都有人向她主动问起二青会的情况。还有人告诉她，在哪里见到了二青会倒计时牌，在哪里又看到二青会宣传的新标语，还有人专门买票去大同观看其中的滑雪比赛。这样的反响让郭蓉蓉感到很温暖，她觉得，自己的付出和努力都有了收获，人们的认可和鼓励就是见证。

眼下，期待已久的二青会已经为时不远，郭蓉蓉的心里也充满了期待。将来，等到二青会闭幕，她的工作也依然不会结束，收尾工作预计要持续到2020年初。郭蓉蓉已经为此做好了心理准备：继续努力完成接下来的每项工作，让二青会在自己的记忆中画上一个完美的句号。

裴　怡

高鲁豫：在二青会留下自己的“痕迹”

青春飞扬的5月，即将迎来毕业季。2019年7月毕业的高鲁豫也许本该忙碌于毕业设计展，也许本该沉浸于毕业的离愁别绪里，但成为二青会志愿者这一契机，却让她的毕业季变得精彩而充实。3月起，她开始参与二青会组委会志愿者组织筹备工作。从筛选征集来的志愿者徽标、昵称，到为志愿者培训手册设计封面和培训PPT模板，她发挥自己的设计专业特长，在二青会筹备中留下了自己的“痕迹”。

向时间“抢”来工作机会

可爱的娃娃脸上，一笑便露出浅浅的梨涡，仿若邻家小妹。这是见到高鲁豫的第一印象。

5 月 22 日下午，二青会工作部办公室，大家各自忙碌。穿着 T 恤牛仔裤的高鲁豫褪去了些许大学生的生涩，在电脑前忙着设计的她专注而沉稳。

今年 22 岁的高鲁豫就读于湖北理工学院艺术学院服装与服饰设计专业。寒假时，高鲁豫回到家乡太原开始实习。

为了争取实习时间，高鲁豫已经于上个学期就完成了毕业设计——5 套酷炫的运动服设计及制作。她的设计作为优秀作品，被选入武汉时尚艺术季展出。

3 月份，得知二青会组委会需要志愿者作为工作人员，高鲁豫立刻报名。凭借专业优势，3 月 20 日，她顺利入选并上岗，负责设计和活动宣传。

如今，她为自己提前完成毕业设计的选择感到庆幸——二青会服务时间从 3 月到 8 月底，提前完成毕业事宜使她有足够的时间完成服务工作。

“呵护”志愿者徽标诞生

高鲁豫一上岗，便接手了一项重要的工作。3 月 14 日到 3 月 29 日，二青会组委会向社会公开征集志愿者服务徽标、口号和昵称，她与另外一位同事负责收集回所有征集作品，并做初步筛选。

短短半个月时间，组委会共收到 79 份志愿者徽标、263 个志愿者昵称、194 个志愿者口号。整理着这些作品，高鲁豫内心时时被感动。

徽标中，不少设计精致而有内涵。有的融合了二青会徽标“山”“河”元素，又体现了二青会志愿者积极向上的精神面貌，外形颇具创意和特色，这些设计，留下备选；有的徽标则粗糙一些，或有抄袭痕迹，

淘汰……经过 3 天的反复比对，20 份志愿者徽标脱颖而出。

随后，这些徽标送知识产权代理公司“查重”后，留下具有原创性的优秀作品。在 4 月 10 日前，她需要将所有作品编辑成册，并设计好封面，送专家评选。

但就在这时，学校打来电话，通知她 4 月 10 日返校，参加毕业生统一体检等一系列毕业事宜。为了赶在返校前完成工作，几天时间里，她加班加点。4 月 9 日当晚，她工作到晚上 9 点多，终于完成了图册的所有工作。

4 月 10 日，她放心地踏上了返校路。

感受二青会筹备热情

返校后，高鲁豫在处理毕业事宜的同时，还抽时间设计版式。徽标筛选工作尚未结束，高鲁豫心里念念不忘。所以，她抓紧时间处理完毕业琐事，一周后，便又回到二青会志愿者的筹备工作中。

此时，志愿者徽标已经由专家评定出来，得分最高的作品需要进一步修改。联系专家组，再将修改意见传达给作者……她每天的工作忙碌而充实。4 月 22 日，徽标最后一次修改，但专家时间安排很紧凑，与作者的见面沟通只能放在下班后。

让高鲁豫印象深刻的是专家的敬业精神。一见到他们，专家拿出事先打印好的徽标，就细节与作者细细讨论。高鲁豫心里暗自钦佩：打印作品这样的事情本该由工作人员来完成，想不到专家百忙之余，考虑到了这样的细节。最终，在专家建议下，作者将徽标改为更为开放的图样，看起来大气而独特。当天，大家讨论得忘记了吃饭。虽然饥肠辘辘，但高鲁豫感受到的，却是大家对二青会筹备工作的热情。

与徽标筛选工作同步推进的，是志愿者口号和昵称工作。“青圪蛋”“小青龙”“青泥”“小青蜜”……每一个昵称背后，都有作者独具匠心的考虑。

“‘亲圪蛋’在山西方言中有很亲、很可爱的意思。将‘亲圪蛋’的‘亲’改为音近的‘青’，以‘青圪蛋’作为二青会志愿者的昵称，

一是与二青会吉祥物‘青青’形成系列，二是充分展现出二青会志愿者很亲、很可爱的群体形象，三是这一昵称充满了浓厚的山西地域风情，有助于宣传推广独特的山西文化……”

这些昵称饱含着作者的心血，高鲁豫认为，自己作为收集整理的工作人员，应该高度负责，尽量精准而完整地表达出作者的本意。因此，她和同事在整理和筛选时，一次次反复比对和挑选。

工作中的额外收获

到5月下旬，志愿者徽标、口号和昵称工作已基本完成。高鲁豫又有了任务——为志愿者培训教材设计封面和封底，以及制作培训PPT的模板。

工作任务一项紧接着一项，两个月时间，原本属于“微胖界”的高鲁豫减掉了十几斤，越来越接近标准体重。一直苦恼于减肥难的她特别惊喜：“工作不仅使我快乐，还让我收获了健康！”

而在工作中，高鲁豫也结识了来自不同高校的志愿者和工作人员。大家共同为二青会努力的团队精神使她为置身其中而感到荣幸和踏实。

“还没有走出校门，我就有幸为这样的全国盛事服务，并在二青会上留下一点点‘痕迹’，我非常快乐！而与这么多优秀的人一起工作，我也学习到很多珍贵的人生和工作经验！感谢二青会，使我成长！”

侯慧琴

樊超：重返青运会赛场，圆一个奖牌梦

6 月 11 日清晨，绿色葱郁的万亩生态园一扫周末时的熙攘，清净得只听得到“啾啾”鸟鸣。蜿蜒的山路间，两个身穿蓝白相间赛手服的年轻男子轻盈地骑车“飞”来。“破风——风从右边吹过来……”骑在后面的男子发出简短的口令。他就是 23 岁的樊超，一名职业自行车手。4 年前，他参加全国第一届青运会时，目标是冲入前三，但因为赛前受伤只取得第十名的成绩，他对此耿耿于怀。4 年后，他以领队和教练身份，率队重返赛场，圆当年那个奖牌梦。

SANTIC

骑手樊超

阳光、帅气、聪明、稳重、坚毅……见到樊超，脑海中瞬间冒出一堆形容词。

23岁的樊超，有着年轻人的活力，同时还有超越同龄人的成熟。在同龄人懵懂着准备大学毕业的时候，他已经是业界知名的自行车赛车手，同时还是一名体育经纪人，拥有自己的车队。他的八达巨星体育车队是全国首支具备体育经纪人的车队，全国首支以俱乐部名义参与全国专业公路赛的车队，山西第一个由车手转型组建的俱乐部，山西首个自发组织参与二青会的俱乐部。

褪去这些光环，樊超说："其实我就是一个极度热爱自行车运动的骑手，我享受骑行时控制速度和风急速掠过耳畔的感觉！"

一鸣惊人

身高180厘米、体重75公斤，樊超身材匀称而有力量感。

很难想象，初一时，他还是个身高160厘米、体重80公斤的"小胖墩"。当时，樊超为了瘦身，每天坚持长跑，并每周参加自行车俱乐部的各类骑行活动。坚持一段时间后，成效斐然。甩去肥肉的他，俨然小帅哥一枚。

高一时，他被山西省自行车队"挖"走，成为一名专业运动员。在队里，和他同龄的运动员早已接受了三四年的专业训练，专业水准远超于他。为了赶上大家，樊超除了每天上午参加队里的常规训练，还利用下午的休息时间，给自己"加课"，进行基础力量的练习。

刻苦的训练没有白费，第二年省运会资格赛中，樊超取得了山西省公路比赛个人计时赛冠军。

优秀的成绩使教练对他刮目相看，并为他制定了针对2015年第一届全国青年运动会的训练计划。2015年夏天，樊超参加鄱阳湖国际自行车邀请赛。在比赛中，樊超的自行车链条意外断裂，左侧身体严重擦伤，但仍然获得了大中华第四名的成绩。

痛失奖牌

当时，距第一届全国青年运动会仅有 3 天时间。受伤后的樊超，皮肤如被烧灼，连续几天都未休息好。

就这样，他坚持来到青运会赛场。由于在之前比赛中突出的表现，他成为对手的重点防守对象，突围处处遇阻，再加上连日来缺乏合理的休息，樊超在比赛中失去了良机。在亲友期盼的目光中，樊超仅获得了第十名的成绩。这一成绩距离他进入全国前三的目标，有所差距。

冲过了终点的樊超，被失落的情绪包裹。按照青运会参赛规则，每个人只有一次机会参加全国青运会。他与全国青运会奖牌失之交臂。

蓄势待发

结束比赛后，樊超离开了省自行车队，开始在国内组建青年车队，他担任队长。这是首支由洲际车队出资培养新人的国内业余青年车队。

樊超频频参加全国以及国际级别的自行车比赛，此时，他已不仅仅是一名赛车手，更是慧眼如炬的“伯乐”，他需要从比赛中寻找有潜力的青年运动员。在他的挖掘下，很快，由十几人组成的车队正式组建。

樊超带领这支年轻的车队，很快在全国比赛中崭露头角，获得多项个人及团体冠军。

即便如此，樊超在青运会上拿奖牌的念头始终未断过。他一直在为比赛做着准备——自己不能上场，但可以带领队员们上。

“清规戒律”

为了保持良好的身体状态，他吃饭严守“清规戒律”——早上全麦面包、燕麦片、牛奶和鸡蛋，中午控制碳水化合物的摄取，多进食蔬菜，晚上很少吃主食，仅食一盘蔬菜。同龄人喜爱的“撸串”、炸鸡、啤酒极少出现在他的菜单里。

此外，樊超的生活方式也接近“清修”。每周训练6天，每天上午训练，下午制定团队计划、与赞助商沟通、撰写宣传方案……大多数青年享受青春的时候，他在规划自己和队员的职业发展方向，并乐在其中。

他每年给自己放假一周，通常会选择度假来彻底放松和放空自己——吃平素不能吃的食物，完全停止训练。即便如此，他选择的度假地点也很有目的性——休假一结束，就地便能开始训练。

重新圆梦

机会总是留给有准备的人。

2019 年年初，樊超成立了自己的车队——八达巨星体育车队。二青会上，他将作为领队和教练，带领 7 名年轻队员冲击奖牌。

连续几个月来，队员们在他的严格训练下，保持着不错的竞技状态。

“进入前三应该问题不大！”对于比赛前景，樊超很是自信。比起 4 年前那个初出茅庐的小伙子，此时的他，更多了一份笃定。

侯慧琴

冯亚平：“幸运”的世界冠军

晋中市体育场力量训练房，27岁的冯亚平躺在板凳上，双臂反复推举杠铃。杠铃的重量从50斤一直加到90斤，这个小姑娘只做偶尔休息，然后便是咣、咣、咣一直在推。看她练得久了，甚至有点担心力竭之后杠铃会砸下来。她只是笑着回应道：“这都不是事儿。”

的确，冯亚平是见过大场面的人。全国残疾人田径锦标赛、世界轮椅和截肢人运动会等国内国际大赛中，她已经将金牌拿到手软。2019年6月，她又给自己定下个小目标：身为长治市二青会火炬手，一定圆满完成传递任务。

不能走，没啥大不了

2012 年，第一次以运动员的身份做力量训练时，冯亚平卧推举起了 50 斤的杠铃。“自己都吓了一跳，很多人都举不起来的。”冯亚平感叹道，“我相信自己能举起来，结果真的就举起来了。”

1992 年 3 月，冯亚平出生在山西省壶关县桥上乡紫团村。满月体检时，她被确诊为先天性脊柱膜膨胀——腰椎以下失去行动能力。在冯亚平的印象中，七八岁之前她还能勉强走两步。突然有一天，她就站不起来了。

“不能走就不能走了呗，没什么大不了。”冯亚平轻轻一笑，还吐了吐舌头。“我很快学会了做饭、收拾房间。”冯亚平说，她不是大家想象中的那样，什么都要人帮助。2012 年，武乡县特殊教育学校校长姜艳明赴长治市残疾人联合会挑选运动员，冯亚平被一眼相中，自此走上体育运动舞台。

“可能是因为我比较胖吧。”冯亚平玩笑道，爆发力和耐力都不错。2012 年第一次做卧推杠铃训练，她就举起了 50 斤的杠铃。训练至 2019 年，冯亚平举起 90 斤的重量已和玩一样。

一亮相，站上领奖台

2013 年 4 月，冯亚平第一次走上赛场，代表山西省参加全国残疾人田径锦标赛。“分级试场地的时候，铁饼扔歪了，差点砸到裁判。”冯亚平有些不好意思，“当时特别紧张，技术做得不太到位。”

或许，冯亚平就是那种天生的运动员，分级测试闹了笑话，但是真正到了比赛，她发挥异常出色。投掷标枪时，她取得了 12 米的成绩，足足高出第二名 4 米多，夺得了她人生中第一块金牌。全部比赛结束后，冯亚平一举收获投掷组女子轮椅 F56 级标枪、铁饼金牌和铅球银牌。

凭借两枚金牌、一枚银牌的成绩，冯亚平 4 个月之后，收到了中国残联的邀请，代表中国队出征在荷兰举行的世界轮椅和截肢人运动会。国家队彼时共有 40 名运动员参赛，其中投掷组运动员 4 人，而冯亚平是山西省唯一的参赛运动员。

2013 年 9 月 18 日，冯亚平登上赛场，她首先在女子轮椅 F56 级标枪比赛，获得一枚银牌。铁饼比赛中，她的发挥不是很理想，仅仅扔出了 12 米的成绩，比平时成绩差了 3 米。但是这个成绩，已经令她登上了冠军领奖台，异国他乡看着五星红旗升至最高处，冯亚平的泪水夺眶而出。

幸运儿，我是体育人

一出道就拿到冠军，让冯亚平增添了许多自信。而随后几年时间里，她在国内外许多大赛中均有奖牌入账。“我觉得自己特别幸运。”冯亚平笑了，“教练也说我特别适合搞体育。”

晋中市体育运动学校的田径教练李波，从 2012 年开始便与冯亚平搭档。“机缘巧合吧，当时安排我带她。”李波并不认为冯亚平的成功源于“幸运”，“冯亚平在训练中，比正常运动员要多付出许多。”

刚接触投掷项目时，冯亚平每天都要做上千次的力量训练，以及标枪、铁饼、铅球的专项练习。一天练下来，她晚上躺在床上时，浑身和散了架一样。许多同期被挑选的小伙伴，都没能坚持下来。

“光是看着她训练，我都觉得挺心疼的。”李波轻轻吐出心里话，“她腰部以下完全没有知觉，一般人肯定体会不到，扔东西的时候，只能用双臂、侧肌是怎样的感觉。”李波教练同时表示，冯亚平开朗的性格，确实适合从事体育训练。“她特别乐观，有一点点希望，就会全力以赴去争取。这一点，很多身体健全的运动员都做不到。”

辉煌的成绩当然不是靠“幸运”，不过冯亚平依旧是幸运的，她正是凭借体育展示出了自己的风采。李波教练打趣道：“接下来，你可以考虑一下个人问题了。”冯亚平有些害羞，又一次吐着舌头笑笑，她说自己的“小目标”，是先要完成好二青会火炬手的任务。

小目标，当好火炬手

2019年第二届全国青年运动会火炬传递活动，正在山西省11个城市进行。冯亚平被选为长治市火炬手，并于6月3日完成了自己的传递任务。

“我只能说，受之有愧。”冯亚平坦言道，“感谢山西省残联、太原市残联、山西省体育局、太原市体育局对我的照顾、支持与信任，让我担任二青会的火炬手，真的很感谢大家。”

“运城有个师哥，他们5月先进行了火炬传递。”冯亚平专门上网，去看了火炬传递视频，为自己做做功课，迎接火炬传递的神圣时刻。

6月3日7时，冯亚平与其他火炬手早早集合，一起乘车前往火炬传递现场。9时，火炬传递正式开始，冯亚平是第10棒火炬手，她在志愿者的帮助下，乘坐轮椅完成了传递。“第一次当火炬手，我有点小紧张。”冯亚平介绍说，“之前没有进行过彩排，特别害怕出错，还好一切都顺利完成了。”

“以前都是出去参加比赛，这次咱们山西承办二青会，我觉得特别骄傲。”冯亚平表示，“虽然我不能参加二青会，但是能够成为火炬手，已经特别开心。”

完成二青会火炬传递“小目标”之后，冯亚平还有一个愿望。“我希望在2019年8月份第十届残疾人运动会上取得好成绩。”冯亚平充满期待。

杨尔欣

陈潇潇：聚是一团火，散是满天星

2019 年 3 月 28 日，第二届全国青年运动会的圣火在山西省运城市芮城县西侯度遗址点燃，这同时也是二青会网络火炬传递的启动仪式。实体火炬的传递大家很熟悉，它是运动会开幕前最重要、最振奋人心的经典活动，但网络火炬传递相信很多人都是第一次听说。此次二青会首创了微信小程序传递方式，这在全国甚至世界来说都是 NO.1。而这样一个非常优秀的作品就出自她之手，一个双鱼座的江苏女生——陈潇潇。

有仪式感的小程序

12345

超越梦想一起来

(back up wool)

青春接力赛

相聚三晋就现在

……

打开微信二青会网络火炬传递的小程序，一首韵律鲜明的电子乐《青春接力》带着你不自觉地哼唱和摇摆，以孟菲斯风格为主的手绘传递页面，更是给人眼前一亮的感觉。“这个我们都是请了顶级设计师画的，很漂亮吧！”潇潇操着一口吴侬软语，声音轻柔却又带着掩饰不住的骄傲和自豪。

“通过网络进行火炬传递，既省事省力又方便大众参与。国际奥委会也在研究这个新兴事物，希望能运用在以后的奥运会火炬传递中。”陈潇潇介绍道，“网络火炬传递经历了三个阶段：1.0 时期是 2004 年—2012 年，以手机短信传递为主；2.0 时期是 2006 年—2015 年，以网页传递为主；目前是 3.0 时期，以手机 APP 传递为主。我们二青会首创微信小程序传递方式，借助新兴科技实现‘人人都是趣味火炬手’的创新，是 3.0 的升华。”

“之前的传递都相对简单，这次我们在设计的时候，特别注重传递时的仪式感，毕竟火炬传递在大家的心中还是一件很神圣的事情。”说着，潇潇打开手机详细地介绍起来。成为一名网络火炬手，首先要点燃自己的火炬，而点燃火炬之前特意为大家准备了宣誓口号：“青春的约会，拼搏的舞台，青运会是青年的大聚会，是青春的嘉年华。我愿成为第二届全国青年运动会网络火炬传递手，青春接力，时代领跑，相聚三晋，梦想不老。”短短几句话，但当你大声朗读时，真的会特别激动，眼角温润，作为一个山西人的自豪感油然而生。这就是仪式感所带给大家的感动。

陈潇潇是个工作狂

“因为有过青奥会和一青会的经验，所以我们的方案一次通过。”身材娇小的潇潇，说到工作时总是自带光芒。“我们的公司在南京，但又必须在太原这边与二青会组委会沟通协调火炬传递的具体事宜，变身空中飞人是家常便饭。”

“潇潇真是一个工作狂，前期筹划期间每天工作到凌晨两三点。最忙的时候，一天要准备上百份文件！”团队小伙伴吴盈超这样评价潇潇。

“第一次负责整个项目，压力还是很大的。而且这次的火炬传递历时 130 天，史上最长，如何能让大家一直保持对网络火炬传递的热度，真的挺难的。”潇潇虽然这样说，但她及整个团队最终呈现的作品真的可以用“惊艳”来形容。

二青会网络火炬传递的微信小程序不仅仪式感十足，更兼具了趣味性、互动性，还有很多“黑科技”。了解一下最前沿的AR技术，大家可以通过AR扫描燃烧的实体火炬或火炬图片点燃自己的火炬，成为网络火炬手，还可以和网络火炬传递城市的手绘背景图片以及吉祥物“青青”进行AR合影。最厉害的是，AR照片还很贴心地添加了美颜滤镜，保证大家都美美哒。此外，还有“变身火炬手”的功能，用户拍摄或上传自己的照片，借助人脸融合的技术，生成用户自己的火炬手照片，可谓风靡男女老少。

当然，大家玩得有多嗨，潇潇及整个团队在幕后就有多辛苦。为了在规定的时间内准时上线，又能将所有的创意都融入一个小程序之内，程序员们曾经连续工作5天不休息。好在功夫不负有心人，小程序上线后一个月内，打开次数超过10亿次，用户拍摄了超过300万张照片，上传到小程序上的照片达到了50多万张，受到了各个年龄层人士的喜爱，尤其是很多老年人也参与其中，让潇潇很是意外。

山西文化发扬光大

“太原真的很漂亮啊，完全不是想象中的样子。而且看到公园中大家跳舞的样子，很惬意，很休闲。”提到刚来太原时的感受，潇潇这样说道，“外地人对山西有太多误解了，所以我们也希望能通过网络火炬传递让更多人了解到真正的山西风貌及历史文化。”

网络火炬传递还专门设计了一套时代新人徽章，包含十个关键词，分别是“忠诚”“奋斗”“光明”“道德”“热爱”“自信”“担当”“创新”“专业”和“坚韧”。每个徽章都融入了能代表山西精神和山西文化的元素，如“忠诚”徽章采用“太行精神”，“坚韧”徽章采用将沙漠变成绿洲的“右玉精神”，还有代表“自信”的晋商“万里茶路”，代表“奋斗”的“更上一层楼”鹳雀楼，代表“专业”的中华古建筑瑰宝斗拱等。

“这些东西我在没来山西之前是完全不知道的，在做产品的时候一点点做功课，觉得非常有趣，同时也感受到了山西文化的厚重，希望二青会的火炬传递能为山西做一个很好的宣传。”潇潇这样说。

一群人的赛事情结

除了网络火炬传递，二青会圣火采集和实体火炬的传递也由陈潇潇的团队负责，他们来自“南京奥友”，是 2014 年南京青奥组委会的一群办赛人。

潇潇曾任职于南京日报社新媒体中心、南京青奥组委会，因其优秀的双语写作能力（英语专业八级）和独具创意的策划能力，多次获得组委会奖励。青奥会结束后，潇潇和其他小伙伴们放弃了组委会安排的工作，组建了奥友团队，继续从事奥林匹克及体育文化教育活动。

“脱掉 OL 的职业装和高跟鞋，穿上运动衣真的太爽了。而且，我觉得我们都有一种赛事情结，虽然办赛事很累很辛苦，但看到开幕式、各种赛事井然有序地进行时，那种成就感是前所未有的。”说到自己现在的工作，潇潇特别的兴奋。

5 月 4 日二青会实体火炬从运城开始传递，潇潇和团队的所有人跟着火炬一站一站地跑。“由于每天都要转场，舟车劳顿，好多人都病了，藿香正气水是每天的标配。”感冒的潇潇这样说，语气中可以听出她对队友的心疼，但她完全没有我们印象中江南小女生的娇柔，采访结束又继续投入到紧张的工作中去了。

二青会因为这样一群有活力、有想法、有执行力的小伙伴而更加熠熠生辉。

王欣雨

张涛：自行车就是生命

晋中市体育运动学校自行车训练馆内，一阵阵“嗡嗡”的轰鸣声传出。几十个十二三岁的孩子，正在自行车骑行台上狂蹬。封闭的室内，旋转的轮胎在仪器上摩擦出巨大的声响，堪比飞机起飞时的呼啸。

抬起手腕看表，13时15分，正是酒足饭饱打瞌睡的时候。大中午的，这自行车队是不是有点拼过头了？“这帮孩子精神头大，不睡觉就打游戏了，不如来练练。”28岁的教练张涛笑笑说，“我太了解他们了，毕竟自己就是这么过来的。”

不做厨师要骑车

张涛出生于晋中市榆次区北田镇杨梁村，大约 12 岁的时候，他总是可以在家门前的路上，看到一支自行车队来来回回。

“那时候，山西省自行车队训练，正好经过我家。”张涛回忆道，“小时候也不懂自行车，就是觉得他们衣服好看，骑车的样子特别帅。”少年懵懂的心中，从此勾勒出一幅自己驾车疾行的画面。

张涛初中毕业时，适逢晋中市体育学校恢复组建自行车队，他便抱着“玩”的心态第一时间加入。“自行车能干个啥？”张涛笑了笑，“父母当时更希望我去学个厨师，有个手艺能吃饭。”

然而张涛坚持了自己的选择，并且他很快发现，自行车完全不是想象中的“玩”。学校当时没有专业的训练馆，十来个小伙伴每日 6 时起床，就在校旁的空地里跑圈。体能训练结束，大家开始蹬上自行车，在校园里继续“转圈”。

那个时候，中午 13：30 就是自行车队训练的时间。这个习惯，张涛一直保持至今。“小伙子，精神大，根本睡不着。”张涛说，“训练肯定是辛苦，但是你喜欢，就不在乎。”

“摔”出来的运动员

2007 年 7 月开始接受系统训练的张涛，似乎注定要走上自行车运动的舞台。同年，第十二届山西省运动会举行，初出茅庐的张涛获得了第 16 名，卡着“及格线”入选了山西省自行车资格赛。

“可以说，我正好是最后一名入选。”张涛谦虚地表示，“其实我的爆发力、耐力的天赋都不算好，只是练得比较多。”他笑着回忆说，起初骑上公路训练，还闹过笑话。

专业自行车会配备一个卡扣，使脚部“锁”在车上，骑行时容易发力而且可以将力量有效传递给车辆。不过刚接触时，遇上红灯停车，张涛情急来不及将脚从卡扣中抽出，便屡屡摔倒在地。

这个停车还会摔倒的小伙子，一次次摔倒，一次次爬起来。“那时候每天训练，大概是 80 公里到 120 公里之间吧。”张涛介绍说，“平均每小时骑 40 公里，快的时候能每小时达到 50 公里。”谁也没想到，摔着摔着，张涛“摔”出了成绩，他于 2011 年 3 月正式成为山西省自行车队队员，还获得了赴八一队、深圳队等劲旅学习训练的机会。

2013 年全国自行车锦标赛，张涛作为山西队的主力成员，在团体赛中承担突击手的任务，并最终帮助车队取得了团体第三名的优异成绩。

这辈子交给自行车

2013 年之后，张涛又屡次参加国内大型赛事。“其实，2016 年我本来有希望在全国比赛获得更好成绩。”张涛无奈地开了个玩笑，“或许是‘本命年’吧，关键时刻摔跤，爆胎了……”

2017 年，征战赛场十来个年头的张涛选择了退役。在体育领域，30 岁左右的运动员已经可以被称为“老将”。而对于 28 岁的晋中汉子张涛来说，正处于人生的黄金年龄，退役之后他才正式开始更加精彩的人生“下半场”。

通过山西省体育人才职业转换中心培训，张涛学习了健身教练、计算机、运动康复、青少年培训等课程。“我觉得自己特别需要‘充电’。”张涛感慨道，“咱人才转换中心，一有培训我就会去，真的特别需要。”张涛坦言，健身教练学习帮助他找到了退役后的第一份工作，而其他知识既可以应用到训练队伍中，又可以在学校工作中派上用场。

虽然告别了赛场，张涛却没有与自行车“分手”。他又回到了晋中市体育运动学校，成为一名教练员。“自己的强项在自行车，不干这个你说干啥呢？”张涛说，目前学校自行车队有 50 余名 12 岁至 18 岁的队员，放眼训练馆，满满都是自己曾经的身影。

二青会“重现江湖”

“我有一个学生，叫王培晨，他现在就在山西自行车队，备战二青会。”张涛开心地表示自己“后继有人”，“我还要为山西自行车运动，做点自己的贡献。”

训练馆内，小队员们都喜欢称张涛一声“涛哥”。这个亲切的称呼，源于张涛无论是体能训练，还是技术动作，都会手把手亲自指导。曾经，张涛批评一位小队员俯卧撑动作不规范，小孩子不服气道：“你标准，你来啊！”张涛立刻俯身，咣咣一套动作。

众人看在眼里，小孩子也服气了，承认教练的动作着实标准。或许，正是从这个时候，张涛教练的要求开始成为“真理”，小队员们悉数不折不扣执行。“叫我一声哥，是对我的尊重，不是套近乎。”张涛坦言，“我只认严师出高徒的说法，我就是这么过来的。”

要求严格的张涛，也有温情的一面。训练中途休息的时候，张涛不问孩子们累不累，而是鼓励一句：“你相信自己是重点队员，你就是重点队员。”晋中市体育运动学校自行车队目前大约有 50 名小队员。“他们都有希望，成为下一届青年运动会的成员。”张涛说。

晋中市榆社县将承办二青会公路自行车项目的比赛。张涛说，不仅他的弟子有望参赛，他也会去报名应征裁判员，或是做一名赛事志愿者。“我做队员参加比赛时，外省运动员朋友们就嚷嚷着山西的面好吃。”张涛说，“咱们何止是面好吃，这回当了东道主，一定好好向朋友们介绍介绍山西，介绍介绍我晋中。”

杨尔欣

18 位“硬核”老人：手绘路线骑行全省 108 个县

迎接山西举办的第二届全国青年运动会，普通市民能做哪些工作？太原市骑游协会的老年骑友们作出了铿锵有力的回答，他们说：“我们有两个车轮，我们要骑行三晋大地，宣传二青会，让全省人民都知道这项体育赛事，热情支持山西办好二青会。”历时一年多，骑行全省 108 个县，行程两万余公里，18 位“硬核”老人用脚下的车轮兑现了最初的承诺。

组建队伍　骑士行三晋

今年 73 岁的张福清是太原市骑游协会的副会长，初见他是在 2018 年 3 月份。当时，他手里拿着一沓图纸，兴冲冲地来到山西省体育局找负责宣传的同志，说太原市骑游协会为宣传二青会，准备组织一次活动，希望得到支持。“我们协会年初组建了青运连，准备在二青会开幕之前骑行全省，宣传二青会。”张福清兴奋地描述着，他边说边摊开手中的图纸，“你们看，路线图我们都绘制好了，总共是 7 条线路。”7 张图纸被一一“揭开面纱”，每张图纸上都用铅笔工整地手绘了不同的路线，骑行时间、骑行线路、抵达地点、总路程等都标注得清晰明了，若是不知情，真会以为这些精致的图纸出自专业设计师之手。根据他们的计划，由 18 位老年骑手组成的青运连将先后骑行南大运、北大运、晋东北、晋西北、黄河沿线、太行老区、吕梁、晋中线，直至骑遍全省所有市县，将二青会在山西省举办的喜讯带到三晋大地的每个角落。

做足准备工作，这群老人踏上了征程。2018 年 4 月 8 日上午，青运连首骑南大运线出发仪式在山西体育中心南广场举行，太原市骑游协会的 300 余名骑友集结起来，为这 18 位勇士送行。一年多来，在领队田润虎的带领下，18 位平均年龄 67 岁的老同志相继出行 7 次，每天骑行 100 多公里，同时带动周围群众和家人 70 余人次一并出行宣传。他们沿黄河线三湾一壶，走访黄河人家，走进吕梁和太行革命老区；沿晋东北到天镇、阳高、右玉，体验塞北风光；在晋中一带到访清徐、文水、孝义；到鹳雀楼、大同云冈石窟、恒山、悬空寺、应县木塔、平遥古城、李家大院、皇城相府等景点，向山西群众和全国各地游客宣传二青盛会。漫漫长路，18 位老同志笃定前行，最终于二青会开幕倒计时 40 天时顺利“班师”。

宣传有方　盛会为人知

据张福清介绍，他们的骑行不是说走就走，而是提前三个月就开始准备。除做最佳的出行线路规划，还要做足精神准备和物资准备。精神上，要有坚定的决心和顽强的毅力。物质上，从骑行的装备到修车工具、自行车驮包、各种衣物、食品药品及防雨物件等都要一应俱全。同时，还要做到服装统一，队员们除了都穿着太原骑协统一制作的骑行服外，还穿有“太原志愿者”的红背心，并一路带着山西省老龄办和太原网络文明传播中心制作的太原骑协老年志愿者队旗，到有地方标志的建筑物前留影。“每到一个地方我们都会合影留念，既为宣传二青会和协会活动留下足迹，也希望通过图片让儿孙感悟老辈们的奋斗精神。”张福清吐露心曲。

“通过一路宣传，好多农村的老百姓都知道了山西要举办二青会，有的群众还说到时候会去太原比赛现场支持二青会呢！” 张福清欢悦地说。骑行队每到一地，都会先到政府部门和人民群众较多的公共场所、旅游景区进行宣传。“一些群众和游客了解二青会的相关情况后，也开始自发宣传，甚至自告奋勇要求加入我们的骑行队伍；路边的交警同志看到我们很辛苦，会给我们提供热水并热情指路；有的群众会拿出他们的食物与我们分享；还有一位小朋友喊着‘爷爷’‘奶奶’给我们递来了矿泉水……”说起行程中的温馨故事，张福清的眼睛不禁湿润了。

麻烦不断　温情来解困

前行路上难免还会蹦出“拦路虎”。“最难的一天是在汾西县一路上坡骑行，要上1800米海拔的太阳山，既费时又费力。”领队田润虎说，快到最高处时无法骑行，大伙只能推着自行车前进。除了上坡异常艰难，爆胎也时有发生，严重影响他们前行的车轮。

在忻州市定襄县附近，因为路况不好等问题，骑行队伍中不一会儿就有8辆自行车车胎出现漏气现象。“天气干热，天空没有一丝云彩，水也喝干了，嘴里干到没有唾沫，尽管我们带有修车工具，但补胎还是成了大问题。”这时候，队员中身兼摄影的阎玉堂老人想到了一个“馊主意”：“把咱们的帽子翻过来，用塑料袋套上，我和田润虎去向大车讨水。”“大车司机特别好，他们给了我们水，有了力气，我们很快找到了车胎漏气的地方，这才继续按计划骑行。”说起这次出行，田润虎说，“如果没有阎玉堂的急中生智，我们真不知道该怎么办！”

麻烦事接连不断。骑行队出发后的第三天，就遇到了风雨天气；从寿阳返程途中，队伍遇上了大雪；在下一个大陡坡时，田润虎因为自行车刹车失灵差点摔倒；公路上货车多，经常是车一经过，灰尘扑面而来，一天下来他们都成了“包公”……烦心事不少，暖心场面也在时时上演。体力不支的队友落队了，骑行在前的队员们会主动在十字路口停下，等待队友归队；参加骑行宣传的还有听力障碍和腿残疾的三位骑友，他们努力做到不掉队，不给队友添麻烦；田润虎身为领队，每到一个驻地，都要看望和问候每一位队友；张福清除了完成骑行任务外，还要负责拍照和摄影，记录行程中的点点滴滴。烈日下的暴晒、雨雪天的狼狈、风沙中的逆行、默默无言的互助、感人至深的温情……这一切，都构成了骑行路上独特的风景。

初心依旧　车轮永不止

“有人说我们傻，又苦又累还得自己贴钱，何必呢？但我们没有一个人想过退出，都是心甘情愿的，身体很累，但心里很甜。”队员王喜爱说。说起本次行程的收获，王喜爱说除了宣传了二青会，宣传了山西体育，进一步磨炼了意志，了解了山西文化，还感受到了山西日新月异的发展，“以前去过忻州，但是这次去我居然找不到路了，那里也有东环、西环，交通发达，马路干净整洁，变化太大。”不仅仅是王喜爱，每位参与骑行活动的老人都对这次行程的收获说不尽道不完，也许“不虚此行”这个词，是对青运连 18 位骑友三晋之行的最好总结。

这群可爱又执着的“硬核”老人风里来雨里去，困难挑战俱不怕，唯有一腔热忱为体育。在骑行途中，他们曾用诗歌抒发情感：“二青会市民已晓，骑士努力达心愿；一路骑行一路唱，一路风景一路逛；一路汗水一路尘，一路初心没有忘。” 正如诗歌中所写，这群老人没有忘记初心，他们还要继续骑行在太原的大街小巷，让二青会走进千家万户，让二青会的火焰在家乡燃烧得愈加炽烈……

张豆豆

马毅豪：大海中的弄潮儿

“勤奋、刻苦、有胆识”，这是在采访中，包括教练、领队、家人在内的所有人，对马毅豪的评价。

14 岁的太原少年马毅豪，是山西冲浪队的一员。2018 年 10 月，和队友一起前往海南省万宁日月湾进行封闭式冲浪训练。在 2019 年进行的二青会两场冲浪比赛项目中，均取得优异的成绩，获得两枚金牌和一枚铜牌，成为山西冲浪队的佼佼者。

成绩优异　被选入队

电话接通，马毅豪正在遥远的海南进行冲浪训练。“有苦才有甜，好好训练，为山西争光！”短短几分钟交谈，电话便匆匆挂断。紧张的训练，让他没有更多通话的时间。

在团队中，马毅豪算启蒙比较晚的一名队员，10 岁的时候，才刚刚接触到游泳。妈妈看他特别喜欢水，怕他私自玩水发生危险，便带着他去学习游泳。马妈妈说：“起初只是想让他增加一项技能，关键时候可以自救。”但短短几天的学习，他就能熟练地进行蛙泳。当马妈妈听说太原市游泳队招队员，便抱着试试看的心理，带着他前往面试。“没想到，一下子就被教练卜德忠相中了。”回想起当时的情景，马妈妈依然有些小激动。就这样，马毅豪开启了他的游泳征程。由于够刻苦、够努力，很快他就成为一名出类拔萃的游泳健将，在 2018 年山西省第十五届运动会男子小甲 4×100 米自由泳接力赛中，获得冠军。“他是我的金牌队员！”直到现在，提起马毅豪，卜教练还是满满的自豪。

2018 年 9 月，山西第一支冲浪队组建，开始进行人才选拔，尖子中选尖子。用领队雷丽云的话来说，属于“百里挑一”。对参与选拔

的队员，先进行一些简单的冲浪技能训练，然后进行测试。在闭气时间，站立、起跳姿势，水上滑行速度等测试中，马毅豪的表现很突出，最终以优异的测试成绩入选，与其他 445 名队员一起前往海南进行训练。

“觉得特别开心！”在电话采访中，不善言辞的马毅豪无论是在回答被选中的感受，还是回答第一次冲浪时的感受，说得最多的就是这句话。

逐浪少年　爱上大海

“来到海南，是我记忆中第一次见到大海，特别兴奋。”电话那头，14 岁的少年传递来的是一种喜悦。当被问到第一次站在海浪中有没有害怕时，马毅豪坚定地说：“一点儿也不害怕，就觉得特别有意思。因为我以前练习的是游泳，而冲浪所有动作都是在海上完成，都是在水的环境中，所以我适应得比较快。”

“山西属于内陆省份，大海对山西孩子们来说，是陌生的。在第一次进行冲浪训练的时候，大部分队员都会觉得害怕，像马毅豪这种一点儿都不怕的孩子，就属于胆量特别大的。”山西冲浪队教练曾山说，“冲浪是一种勇者与智者相结合的运动，马毅豪这个孩子天生就是个好苗子，既有很好的身体素质，又具备了冲浪运动该有的协调性，并且胆子大、敢拼搏。”

在这支队伍中，因为各种各样的原因，不断有队员被淘汰，从组队时的 45 人，淘汰至十几人，马毅豪却以其勤奋、刻苦、不怕累的突出个性，始终是队里闪亮的一员。在近 10 个月的训练中，从没有休息过一天，经常是从早上 7 点多一直训练到晚上七八点，身上的皮肤被暴晒脱皮、被蚊虫叮咬溃烂，都是伤痕，但他却很享受这种追浪的乐趣，喜欢这项水上极限运动。

冲浪项目具有小、巧、灵、敏的特点。在教练的精心培养下，马毅豪进步特别大，很快便掌握了一些高难度的动作，从一开始笨拙地在小小的海浪中滑行，到现在都能在台风浪中一往无前了。滑行、跳跃、翻转，小小的身影在浩瀚的大海中，追逐着一波又一波的巨浪。

一年之内　屡创佳绩

2019 年 2 月 20 日，二青会首个夏季项目——冲浪比赛在海南省万宁市开赛。本次比赛设 32 个小项，共有来自全国 19 个省市 38 支运动队的 422 名运动员参赛，是近年来国内举办的规模最大的冲浪赛事。

山西省共派出 41 名运动员参赛，有 22 名运动员进入最后的决赛。在 2 月 27 日的决赛中，山西冲浪队一举夺得 12 枚金牌、7 枚银牌、4 枚铜牌，为山西省青运会代表团夏季项目打响了第一枪。马毅豪获得社会俱乐部组男子乙组长板个人冠军、混合团体冠军。

2019 年 6 月 27 日，冲浪（桨板）项目比赛在山西太原水上运动中心圆满落下帷幕。来自全国的 20 支体校组代表队和 12 支社会俱乐部组代表队共 151 名运动员同场竞技，经过激烈角逐，共产生 11 枚金牌。

此次比赛是冲浪（桨板）这项运动首次进入国家级综合性运动会序列，同时，也是二青会的主会场——山西太原的第一个正式比赛项目。比赛在美丽的汾河之上进行，马毅豪以优异的成绩，获得俱乐部组男子乙组个人全能赛第三名。

超越自己　一直向前

“冲浪项目是一项对浪要求很高的运动，受环境和气候的影响比较大，所以我们平时的训练都称为‘逐浪训练’，就是哪里有浪我们就去哪里。”山西冲浪队教练苏诚说。

2018 年开始集中封闭式训练以后，孩子们的功课并没有耽误。队里在当地为队员们安排了上文化课的地方，但由于冲浪训练的特殊性，需要有浪的时候才能进行训练，所以上课、训练都是看天气的。在没有浪或者浪不大的时候，便会为孩子们恶补文化课。所以，不是在训练，就是在上课，就连和家人联系的时间都很少。马妈妈说：“上次跟儿子通话是在很久之前了，今年 6 月，回来太原参加静水桨板比赛的时

候，见到毅豪吓了一跳，8 个多月的时间，完全变了个样，皮肤黝黑，而且也瘦了，看着有些心疼。”比赛结束，妈妈本想让毅豪多待一天，但他心系训练，一刻都不想耽误，比赛一结束就立刻归队了。

“毅豪是一个适应能力特别强的孩子，去年刚到海南的时候是 9 月份，太原已经特别凉爽了，但海南却是 30 多度的高温天气，而且是多变性气候，一言不合就狂风四起，暴雨骤至。有一次，正在训练，突然就起风了，一个大浪打了过来，但毅豪却表现出不一般的果断与胆识，他很快便能调整姿势，与大海很好地融合在一起。”山西冲浪队教练苏诚说。

紧张刻苦的训练，更加坚定了马毅豪对冲浪的信念。未来，还有很多场比赛在等着这个少年：打好二青会，迎接全运会，在更多的国内外比赛中大显身手……

党三玲

王贤伟：应急保障的幕后英雄

“二青会上，你可能看不到我们的身影，但一旦有需要，我们肯定就在你身边。”

为了办好一流的运动盛会，山西省精锐尽出，他们中的很多人虽然不会出现在聚光灯下，却都是为确保赛事顺利进行而默默工作的幕后英雄。有着十多年突发事件处置经验的王贤伟，此次就承担了二青会应急突发处置工作，并负责组织编制二青会的突发卫生公共事件应急预案。

应急处断成尖兵

2007 年，大学毕业的王贤伟考入当时的山西省卫生厅应急办，从那时起，这个刚入社会的毛头小子，在公共卫生应急岗位上，不断摸索、磨炼，从一头雾水，逐渐变得大气从容，再复杂的情况也能有条不紊地处置。

说起自己处理过的公共卫生事件，王贤伟如数家珍。2008 年 5 月 12 日，汶川地震突如其来，灾区牵动着全国人民的心。山西省也派出医疗应急救护队伍，王贤伟虽守在大后方，却记挂着身在灾区，又通信不畅的队员们。他手机 24 小时不关机，随时接受前方指令，调派运送救援队伍需要的物资。

2009 年 1 月，山西省孝义市一名从湖南回山西的 2 岁女童，被确诊为人感染高致病禽流感。从孩子在汾阳医院就诊，到转诊省儿童医院抢救、联系卫生部专家组会诊，王贤伟全程参与，积累了应对突发传染性疾病的处置经验。

2010年，王家岭矿难救援，青海玉树地震救援；2017年，H7N9禽流感疫情；2019年，临汾乡宁山体滑坡救援……从最初的仓促应对，到如今多部门协调沟通顺畅，抢险与伤员救治，都以最快速度、最高效率完成，十几年的应急处突经历，王贤伟不断成长进步，渐渐被打磨成一名“应急保障尖兵”。

以练为战磨本领

“喂，120保障人员吗？我是现场医疗指挥，这里是足球比赛现场，观众退场中突发踩踏事件，估计有50多人受伤，20多人重伤！”现场保障总指挥接到险情，迅速指派保障车辆赶往现场，并通知120指挥调度中心做出应急反应。急救中心启动大型活动医疗保障应急预案，迅速调集急救车前往体育场馆支援、转运患者。此时，公安交警已先期到达，迅速分流无关人员，设置警戒线，打通救治绿色通道。场馆医护人员迅速检伤，分区救治。一名伤情严重的患者通过救援直升机被送至山医大一院手术治疗。与此同时，另一热门赛事现场，部分参赛运动员相继出现高热、腹痛、腹泻、呼吸困难等不适，发病原因不明。在现场救援的同时，疾控和卫生监督人员迅速赶到酒店和接诊医院开

展流行病学调查和公共场所卫生应急排查，寻找致病原因，降低感染风险。一波未平，一波又起。海关打来电话，一名外籍游客入境时体温超过 38.5℃，精神不振，其目的地为山西太原。经查，该游客为基孔肯亚热病毒核酸阳性，已乘火车前往太原。山西省卫健委应急办接到求助信息，立刻启动部门联动协同机制，得知列车将于 30 分钟后到达太原南站，协调铁路部门，调派负压救护车进月台，将该外籍游客转运至市第三人民医院救治，并及时采样送检……

6 月底的一天，一场涉及多部门，同时应对多起突发公共卫生事件的应急演练在太原举行。这场应急演练的“总导演”就是王贤伟。为提高突发事件的处置和快速反应能力，这次演练设计涵盖了多种突发性大范围公共卫生事件，不仅是卫生系统内部医院、急救、疾控、卫生监督多部门联动，就连铁路、海关、高校等部门也要协同作战，切实达到以练备战的目的。“只有能应对最复杂、最密集的突发演练，才能保证日常情况下的从容应对。”

其实，为了充分做好二青会的应急保障工作，全省卫生系统应急人员从 2018 年 10 月就开始技能培训，各地还进行多次桌面推演，从最基础、最基层入手，确保全省有赛事的城市，都能做好赛事应急保

障工作，同时也能以赛事保障促进全省应急能力快速提升。

数据支撑强保障

“这本《二青会突发卫生公共事件应急预案》已经是第 4 版了，每个版本 4000 多字，都是‘干货’，还在修改完善。”打开电脑，王贤伟习惯性地打开了一个文件夹，这里的文档都是他的心血。

编制《二青会突发公共卫生事件应急预案》和《突发事件紧急医学救援应急预案》，看似“纸上谈兵”，其实每一个细节都离不开大数据的支撑。“不搞‘大而全’，要‘精而准’，以避免耗费大量人力物力。”因此预案的编制，要结合赛事举办的时间、地点、天气及过往自然灾害情况、当地医疗资源等因素，结合多年的统计数据，做出正确的评估、准备。有了准确的评估，才能帮助决策者做出正确的判断应对。比如此次二青会在我省的盛夏举办，就要考虑我省夏季最常见的中暑、诺如病毒，以及饮用水、食物变质造成的食物中毒等情况，需要在这些方面加派人手。同时，体育赛事易出现意外受伤、心理紧张、突发心脑血管疾病，人员相对集中易出现踩踏、斗殴等因素，现场需要配置相当数量的外伤和急救处置人员。此外，现场处置人员与 120 值守人员如何调配，医疗机构如何协调，既要保障赛事，又要满足市民日常就诊的需求，任何一环考虑不到，都可能出现意想不到的问题。

我省从未举办过全国性大型赛事，没有经验可以照搬，为了使预案尽善尽美，王贤伟他们多次向曾举办过全国大型赛事的广州、福州、天津等城市的相关工作人员取经，吸取他们的经验教训。此外，二青会首席专家、上海体育学院教授刘清早也非常重视应急保障工作，经常及时提出整改意见。“目前，最新版的应急预案已经发到各参与部门的手中，但不到最后一刻，我们的准备工作就会继续完善。”王贤伟说着，并没有停下手中的工作。

魏　薇

潘文俊：赛欧安保第一道屏障

下午 4 时 30 分，潘文俊拿上钥匙，启动电瓶车，然后循着山西体育中心内的道路开始巡逻，他一边开车，一边时不时停下来环视四周，环境卫生、施工安全……这些都在他的巡逻范围之内。一圈四五公里的路程，巡逻完毕大概需要半个小时，而这只是潘文俊日常工作的极小一部分。

负责山西体育中心安保工作的是山西赛欧保安服务有限公司，作为这家公司的消控主管，潘文俊的工作状态用一个字来形容，那就是——忙。

转行做消控

43 岁的潘文俊曾是太原市液压机械厂的一名维修工，主要负责水电暖的维修工作。工厂倒闭后，2013 年他应聘到山西赛欧物业管理有限公司，最初干的还是老本行。领导见他聪明能干，对他颇为赏识。彼时，正好这家物业公司旗下的安保公司消控岗位需要人手，领导决定让他试试看。

消控即消防监控，这个岗位可不是随随便便说干就能干，上岗必须得持证。2013 年 9 月，潘文俊来到位于神堂沟的山西消防职业培训学校，接受关于消防管理资质的培训。培训课程对他来说“没什么难的”，4 个月后，他顺利拿到了资格证。2014 年，他从公司的工程部调到了保安部，身份也由一名维修工变成了一名消控主管。

从工程部到保安部，起初潘文俊心里没底。保安公司经理赵文杰给了他极大的信心，他告诉潘文俊："你一定没问题！"于是潘文俊决定接受挑战。角色转变意味着重新开始，好在适应过程不是很艰难，在新的工作岗位上，潘文俊很快做到了如鱼得水。

消控有"三巡"

消控具体做什么？潘文俊脱口而出："我们的日常工作主要是'三巡'，也就是巡逻、巡视和巡查。"

巡逻的范围主要是门岗和围墙周边，巡视主要针对的是人员部署，巡查主要对设备以及消防安全进行监控。

"三巡"听起来简单，工作起来却烦琐。山西省体育中心占地面积差不多1300亩，分布在每一个角落的门岗每天必须巡查一遍，中心内的各条马路也要做到全方位巡查，不留一个死角。此外，山西省体育中心内的四个小场馆、一个公寓、一个体育场以及两个运动员训练场馆，也绝对不能疏忽。

尽管平时到各条马路巡查有电瓶车这个代步工具，但在潘文俊手机的"微信运动"里，他的步数从未低于一万步。而他的同事们每天和他一样，重复着同样烦琐却又不可或缺的工作，日复一日的巡视，让他们对山西体育中心的每一个角落都熟稔于心。

不怕得罪人

为了做到防患于未然，他们每年都会对山西体育中心园区内进行安全大检查。2019 年冬季，他们开始严查宿舍用电问题。一查不要紧，取暖用的“小太阳”、做饭用的电炒锅……虽然潘文俊和他的同事们曾多次进行防火消防宣传，但少数宿舍里依然藏着这些大功率的物品，这些都可能让园区内的线路超负荷，极容易引发火灾。

发现这些东西怎么处理？潘文俊和他的同事们二话不说，“统统没收”。有人上门理论，说这是私人物品，希望他们能把没收的东西还回去，大不了以后不用就是了。但潘文俊态度坚决：“不行！如果他们拿回去继续使用怎么办？我们做消控工作，就一定要把事故扼杀在萌芽阶段。中心领导来求情也不行！”

他和同事们严格执行规定的行为，让越来越多的人为他们点赞，

说情的人慢慢变少，大家也都理解了他们的职责并开始认同他们的做法，大功率的电器渐渐在园区里绝迹了。

正是他们认真负责的做事态度，2019 年正月，还避免了一场火灾的发生。当时，山西体育中心内的施工方用电超负荷运转，发生了线路短路、冒烟的情况，幸亏潘文俊和同事们及时发现，否则后果不堪设想。

一刻不停歇

二青会一天天临近，作为消控人员，潘文俊和他的同事们比原来更加忙碌。在接受采访的间隙，时不时有同事走过来，向他“讨要”人手，潘文俊苦笑：“现在人手不够用，每个岗位都很缺人！”人手不够，主管来凑，每当任务繁重时，潘文俊和其他各部门主管，都会冲在第一线，工作起来绝不含糊。此外，他每天都要接二三十个电话，微信里的工作群，也是常有消息跳出，他们每天的关键词，除了工作还是工作。

潘文俊家住山西省体育中心附近的木厂头村，家中两个孩子，二

儿子正上四年级。虽然家很近，孩子又小，可是为了二青会，他却只能将更多的精力投入到工作中。孩子功课无暇顾及，家里的活儿也鲜少参与，妻子埋怨，他也很愧疚，可二青会是 2019 年山西的一件大事，更是太原的一件大事，参与其中的人，无论哪个岗位，都不能松懈，为了二青盛会，他只能请家人理解。

潘文俊现在一个月最多只能休息四天，他用“弦绷得很紧”来形容自己目前的状态。二青会 8 月举行，这场盛会结束后，他绷紧的弦终于可以放松了。

潘文俊说，等二青会闭幕，他打算到山东去玩一玩，这必将是一场轻松而愉悦的旅程。

任　蕾

阎宾：日夜守护，只为盛会平安举行

岁月静好，是有人替你负重前行。在太原，每一次盛大集会的背后，都会有这样一群默默为群众保驾护航的安保同志们。

“一个大型活动的成功与否要看安保，这项工作要求我们有决战、决胜的信心！”6 月 4 日，在第二届全国青年运动会的安保办公室，太原市公安局治安管理支队政委阎宾说这些话时铿锵有力。

二青会将于 2019 年 8 月 8 日至 18 日在山西举办。太原作为二青会的主赛区，将承担开幕式、闭幕式、火炬传递三项重大活动及 60% 以上的比赛任务，届时将有 1.5 万名运动员入住青运村。本届二青会

是迄今为止我省举办的规格最高、规模最大的综合性体育赛事，举国关注，全民期待，安保任务非常艰巨。

三道防线保安全

在二青会安保办公室的墙上醒目地张贴着二青会比赛场馆分布图、场馆安保工作流程图……“抓紧、抓实、抓具体”“想全、想细、想万一”的标语也随处可见。工作人员匆匆的脚步，低声而简短的交谈，都在无声地提醒到访的每一个人——一场“大战”即将来临。

阎宾已经数不清参加过多少次大型活动的安保工作了，“现在是二青会安保的冲刺阶段，说实话，压力很大。”谈起有关二青会安保的话题，阎宾神情肃然，表示“亚历山大”。

二青会期间，预计约 35 个代表团参赛。“保守估计，参赛运动员也要在两万人以上。”阎宾这样统计，“再加上各代表团教练员、领队、队医，以及赛会裁判员、技术代表、媒体记者，要有 3 万余人到太原。”

这 3 万余人从抵达太原到安全离开，都在阎宾和他的同事们的安保把控之下。阎宾说，二青会的安保有三道“防线”。第一道防线是高速路口、民航机场、列车客运站、汽车客运站等进出太原的交通要道，这道防线要死守城市中心区外围、比赛场馆周边，“让危险分子进不来”。

第二道防线是在 135 家二青会指定接待酒店、青运村，落实防火、防盗、防爆、防破坏等安全措施，确保入住人员人身、财产安全。除此之外，还要对全太原市的 2140 家大小酒店进行安全掌控，做到心中有数，“知道谁来，让危险分子待不住”。

第三道防线是联合街道、社区对市内的大街小巷进行街面巡逻、可疑人员排查，“让危险分子跑不掉”。

小细节方面零容忍

“二青会的安保工作从 2015 年，太原市接过主办城市的那一刻就开始了。”阎宾对记者说。3 月 8 日，太原市公安局举行“冲刺 150 天，决胜二青会”安保倒计时启动仪式，标志着二青会安保进入实战阶段，经验丰富的“老将”阎宾也被提前抽调至二青会安保办公室，和24名安保专班的同事们进驻市二青会执委会安保部集体办公，开启“连轴转工作模式”。

大的安保框架有了，随之而来的都是看似琐碎的细节问题。“安保工作最重要的都是细节”，阎宾说，二青会期间，安保专班要负责26个场馆，开幕式、闭幕式、火炬传递三项重大活动及青运村的安保工作，战线长、任务重，“我们对每个场馆都配置了相应的安保方案，细化到每一点。”

2018年8月8日，第十五届省运会开幕式在红灯笼体育场华彩绽放，惊艳世人，从开始到结束，在场的数万名观众秩序井然，当所有的观众沉浸在美轮美奂的表演中时，可能没有人会想到这背后蕴含着无数安保人员的辛苦付出。“体育场内的座位是6万多个，意味着有好几万人会在同一个时间段到达指定地点，这些需要我们做详细的引导、分流、防爆、安检等预案”，阎宾说，“让大家安全地到达，安全地离开，安保就是要在看不到的地方下工夫。”

二青会决战箭在弦上

和2019年的二青会相比，2018年的第十五届省运会算是“带妆彩排”。“二青会的安保是国家级的，比去年要更严格。”谈及二青会的安保准备，阎宾这样描述：“比如在开幕式当天，红灯笼体育场周边有严密的交通检查，如果没有相关证件，在交通疏导区就会被分流。对所有入场观众严格实施安检，才能持票有序排队进入。”

整个疏导过程以人车干净、流程清晰、安全有序为目标，严格组织落实各项管控措施。在外围管控方面，对赛点周边实行分层管控，对每条主要道路实行全管制，确保道路绝对畅通，保持足够的疏散空间。“观众进入场馆后，还要进行空中、地上、地面、人群的安全监控，做到层层卡，严防死守。”阎宾告诉记者：“我们在所有场馆的上空设置了无人机反制措施，实实在在地把所有威胁排除在外。”

众所周知，大型赛事的安保工作涉及的范围十分广泛，从食品安全、住宿安全、道路交通安全、基层设施安全到信息安全等，任何一项工作或环节存在安全隐患，都可能导致公共安全问题。随着二青会倒计时开始，阎宾和同事们也开始了“决战”的准备。他们准备得如何？阎宾坦言，二青会是新中国成立以来太原市举办规模最大、规格最高的综合性体育赛事，也对安保工作带来了极大的困难和挑战，“我们制定了安保时刻表，哪些人、做什么一目了然，盛会的平安顺利、万无一失就是我们最大的期望。”

二青会安保办公室的墙上有一条醒目的蓝色大字：“大战用我，用我必胜。”“我们现在的工作状态就是一个字，拼！”采访的最后，阎宾凝视着这条标语信心满满：“对我来说也是一次极限挑战，能遇到这样的机会不容易。”

陈　珊

梁婧：奇思妙想的二青会志愿者徽设计者

像一只勤劳的小蜜蜂，默默奉献；像一个竖起的大拇指，激情点赞；像一颗跳动的心脏，大爱无边；像一双捧起朝阳的手，热情包容；又像无限延伸的赛道，奔向未来……眼前这个造型别致、配色明艳、寓意深远的会徽就是二青会志愿者徽。你是否好奇如此奇思妙想的会徽是谁设计的呢？今天我们就来认识一下这位会徽设计者，她是一个热爱艺术设计的太原女孩——梁婧。

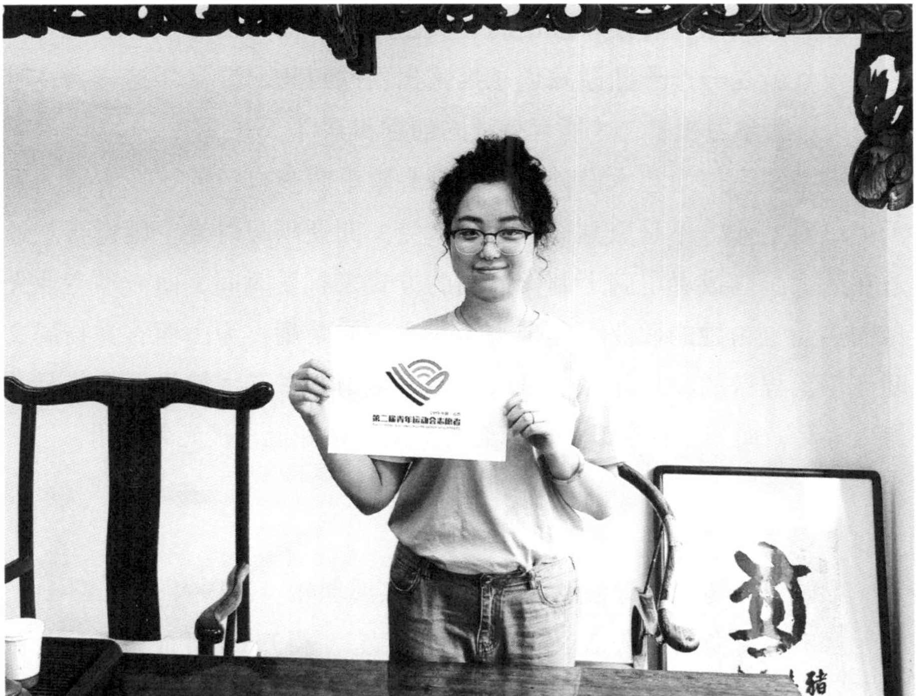

挚爱专业

一张略显婴儿肥的圆脸上架着一副椭圆形眼镜，透露出几分书卷气；乌黑卷曲的秀发扎个俏皮蓬松的丸子头，尽显青春的气息。眼前这个文静温柔还略带腼腆的女生就是梁婧，她是来自综改区企业山西辰涵数字传媒股份有限公司的一名设计师。

梁婧说自己两个舅舅都是搞美术的，从小在艺术的熏陶下，对这种视觉美的艺术产生了强烈的兴趣。高中毕业后，她考入辽宁工业大学开始专门学习平面设计专业。在校期间，由于勤奋好学，她是班里的学习委员，每年都能凭借优异成绩赢得高额奖学金，并且在 2013 年毕业时还被评为学校优秀毕业生。

大学刚毕业，梁婧先去优秀专业人士云集的北京学习历练了两年，在那里跟随着优秀的业内前辈们，她学到了很多珍贵的经验，培养了很多优秀的习惯。梁婧说自己至今都一直保持着每天第一件事就是浏览全球各大网站，收集新推出的各类艺术设计图片的习惯。她坦言，艺术设计就是一个不断激发创意推陈出新的过程。要做好这一行，唯有每天不断学习积累，才能有持续的创意和素材。

梁婧说，作为艺术设计师，她打心眼里热爱自己的这个专业，每天上班对她而言不是煎熬而是一种享受。即便闲暇时光，她也喜欢通过在纸上画画或者电脑上制作插画的方式来打发时间。而对本专业无尽的热爱也为她的职业生涯带来了一次次的荣耀：为山西省文物局文明守望工程做的设计作品获得入围奖，为山西省艺术馆设计的作品获得二等奖，而为二青会设计的志愿者徽则一举夺冠，被光荣采用。

厚积薄发

梁婧说，能为二青会设计志愿者徽实属偶然。2019 年 3 月 23 日，她无意中翻看微信时获知这次征集大赛信息。得知 29 日征集活动就截止了，她当天晚上就马不停蹄地着手设计手绘稿，找灵感，构思图案。

而此时，她多年来一点一滴积累的那些素材和创意派上用场了，它们像一座排列有序的宝藏一般等待着梁婧的调用。

考虑到志愿者是一群自愿参与社会公益活动的人，不谋求任何物质、金钱及相关利益回报，且具有一定的专业性、技能性、长期性，勤奋劳作的小蜜蜂形象瞬间在梁婧脑中闪烁起来。她开始勾画小蜜蜂的线条，灵动的翅膀也加入其中，反复勾线、画图、拆分、简化。联想到二青会是青年人的运动会，象征着太阳、热情、进步，她的思路一下开阔了起来，二青会的会徽——“山河”在脑海里不断清晰起来，原来山河就是运用灵动的线条，将跑道与泳道的形象特点与汉字融为一体，表达了运动拼搏的内涵。青年是早晨的朝阳，青春绚烂，青运会是青年的大聚会，是青春的嘉年华，这里不仅有激烈的竞争，更有深厚的友谊。

梁婧顺着这些思路，着重从友爱、蜜蜂、青春、线条和朝阳开始设计，数易其稿。3 月 23 日至 29 日，短短六七天时间，一个包含五个寓意的

二青会志愿者徽方案如愿出炉：以心形为主体，表达了青年人的友爱、互助；欢快飞舞的小蜜蜂，寓意着勤劳奉献的志愿者精神；竖起的大拇指，象征志愿者充满奉献、友爱、互助、进步的志愿者精神；手托朝阳，凸显志愿者接纳、包容、热情好客的服务态度；采用的环绕线条，似跑道又似泳道……

看好山西

功夫不负有心人，凭借着奇思妙想和丰富内涵，梁婧的参赛作品在全省各市、各高校征集到的79份志愿者徽作品中脱颖而出。实际上，此次二青会志愿者徽征集活动参赛作品全部都出自艺术设计行业专业人士之手，能在众多专业选手中胜出，梁婧着实不易。

精品需细细打磨，梁婧的设计稿虽被选用，但仍有细节需要进行微调。在评审专家看来，参赛稿图案线条间封闭，图形稍显复杂，与国际赛事的概念有所不符。于是，在多位评审专家的指导下，梁婧对图标多次简化、拆分，最终确定终稿，一个简洁大气、线条流畅，既与二青会主会徽“山河”相呼应，又能体现志愿者服务精神的徽标就此诞生。5月28日，经过再调整的志愿者徽对外发布正式启用。

梁婧说，打心眼里为自己能以此种方式助力二青会而觉得骄傲。自己是个地道的太原女孩，也非常热爱自己的家乡，因此放弃了北京而回到故乡。虽然没有首都的繁华和现代，但故乡作为华夏文明的发源地，有许多能给她带来灵感的古老文明。比如以前去过的位于太原东山的北齐时代的徐显秀幕，其生动细致、精妙绝伦的壁画就深深地震撼到她，为她后续的艺术设计提供了良好的借鉴。实际上，她除了艺术平面设计之外，还协助单位同事针对山西一些文物做 3D 扫描、数字修复、VR 展示等方面的工作，并和同事们设计一些富有浓郁山西特色的文化创意类产品，向外界多方位展示山西的格调和文化。

“为二青会创作志愿者徽是我莫大的荣幸，也是我职业生涯中的又一个里程碑。作为山西青年，我愿意用自己的青春和汗水为家乡的发展助力，浇灌一个生机勃勃、充满无限希望的未来。”梁婧微笑着说道。

孙耀星

韩晓芳：站好最后一班岗

7月9日是二青会U15乒乓球赛的最后一天，与比赛现场此起彼伏的加油声形成鲜明对比的是，滨河体育中心的各个入口处，安检工作正在安静有序地进行。

身穿白衬衣黑裤子的安保人员，一丝不苟地检查着进入场馆人员的证件和随身携带的物品，而场馆周围则停满了公安、消防、急救等部门的车辆。

当天，省领导将会来这里视察，得知这一消息后，安保指挥中心内气氛变得异常紧张。

“把监控位置调整一下！”“比赛现场的安保人员注意，不要出现在比赛镜头里，按照指定位置站位，不要随意走动！”

指挥中心内，作为安保负责人，韩晓芳压力很大。她紧盯着监控屏幕上各个出口的情况，不停地与安保人员，以及体育中心的工作人员联系，督导他们的工作，而脑中则不断预演着整个接待流程，以保证到时不会出现纰漏。

韩晓芳是公安万柏林分局治安管理大队综合中队一级警长。她1985年进入警队，一直在分局的治安部门从事基层治安管理工作，特别是对基层公安机关的安全保卫、特种行业、娱乐场所的管理工作有着极丰富的工作经验。

从警34年，韩晓芳共完成包括“中博会”、历届“能博会”“农博会”等大型展会，各类等级警卫工作任务，省市区“两会”安保等各项安全保卫工作500余次，没有出现过任何差错。

正因为经验丰富，业务能力强，做事耐心细致，2019 年 3 月 8 日，她被调到二青会执委会安保部，负责滨河体育中心的安保工作。再有两个月她就要退休了，这将是她职业生涯的最后一班岗。

用韩晓芳的话说，安保工作是一个十分磨人的工作，它需要十分细心，任何一个细小的环节都不能放过。从 3 月份接手滨河体育中心的安保工作后，她几乎没有休息日，全身心地投入工作中。尤其是 U15 乒乓球赛开始后，韩晓萍每天都要从早上 7 点半，工作到晚上 10 点。

她家住在长风街，到滨河体育中心需要半个小时的车程，每天都要 6 点起床，早早赶到现场进行安保的布置。检查监控设备，熟悉赛事流程，科学合理地布置警力，每一项都需要投入很多精力，需要极大的耐心。这对于急性子的韩晓芳来说，是一个很难熬的工作，但面对责任，她不得不时刻提醒自己，要耐心，要谨慎，要细心。

韩晓芳虽然是名女警官，但她的同事都叫她“韩哥”。

“我的下属都是小伙子，如果工作不能做在他们前面，不能起到表率作用，怎么能得到他们的支持。”韩晓芳说。在工作中，她总是冲在第一线，用过硬的工作能力和专业知识，赢得了大家的肯定，同时也由于她巾帼不让须眉的强硬作风，人们对她的称呼从“韩姐”变成了“韩哥”。

作为一名女性，想要取得成绩，往往要比男性付出得更多，不只是工作上要拼命，还要面对生活的重担。

韩晓芳的丈夫是一名军人，一年到头回家的次数屈指可数，家里的大事小情都由韩晓芳一个人承担。俗话说“望子成龙”，作为家长，都希望自己的孩子能够出类拔萃，韩晓芳也不例外。丈夫常年不在，教育孩子的重担都落在韩晓芳肩上。

小学是孩子学习习惯的养成阶段，对孩子今后的发展有着很大的影响。当时韩晓芳不但要工作，同时还要管好孩子的学习。那段时间，是韩晓芳最难熬的。她每天工作结束后，拖着疲惫的身体回到家，还要给孩子做饭，陪伴孩子写作业，基本上没有空闲时间。令她欣慰的是，女儿很听话，在她的陪伴下养成了很好的学习习惯，初中二年级后，她就没有再督促过孩子的学习。现在，韩晓芳的女儿正在读博士。每每谈起乖巧上进的女儿，韩晓芳脸上便会洋溢出欣慰的笑容。

二青会 U15 乒乓球赛结束后，滨河体育中心还会举行举重和网球比赛。韩晓芳表示，二青会是山西省今年的大事、盛事，是自新中国成立以来我省承办的规模最大、参赛项目和参赛人数最多的一次全国大型综合性赛事，能够参与到这次赛事中负责安保工作，她感到很激动和自豪。她将全力做好自己的工作，保障比赛的顺利进行，站好这最后一班岗，为自己的职业生涯画上一个完美的句号。

郭晓华

最荣耀的是给孩子们上了一堂二青会的课

“是什么让我们一步不能错？”

“是什么让我们一刻都不能停？”

“或许在我们这 50 个人身上都有一个信念，那就是把二青会办好！”

为迎接中华人民共和国第二届青年运动会，全省上下特别是与赛事相关的各部门、各单位做了大量前期工作。二青会组委会新闻宣传部也在 2017 年开始筹建。部门包括综合组（办公室）、新闻宣传组、

社会宣传组、网络传播与舆情应对组、记者服务组以及新闻中心6个组，由来自省委宣传部、省委网信办、省体育局等的50人组成。

其中综合组可谓是“大管家”，他们负责制定新闻宣传工作总体方案，为各位媒体朋友做好服务，组织媒体为二青会做好宣传工作；负责与组委会其他部门的联络、沟通，协调部内各处室工作等。“催着快点，时间不够，都是在跑步工作着！”成了这10人部门的真实写照。

人人都是“特种兵”　日均“拉练”一百里

因为综合组设置在山西省体育中心，而大多数人都居住在城市的北面。“每天一南一北，开车平均要走50公里的路，绕半个太原城。”组内最为健谈的工作人员赵静说：“我们每天就像一群跑拉练的‘特种兵’。”

以下是我们给这群可敬的“特种兵”描绘的分镜头：

温宏君，山西省体育职业学院的一名老师，家住在榆次。要忙二青会的工作，要给学生按时上课，晚上还要赶回家陪伴年幼的孩子，每天行色匆匆地在家、二青会、学校三点之间来回奔波；白小波，中国民航大学飞行动力工程毕业，家住清徐，因为经常加班加点，一张简易的床，办公室变成了他的家，成了名副其实的“住会代表”；赵静，一个能干的“小管家”，为更好地投入二青会工作，暑期将妈妈接来照顾孩子，她自己每天早出晚归，将组里的内务工作处理得井井有条，在此次二青会中，她不仅是新闻宣传部的工作人员，还参与此次二青会兴奋剂检查的工作；王嫣和燕姗来自文旅厅，从事文化产业工作多年，参与二青会的媒体服务工作以来，与自己的本职工作融会贯通，将二青会的工作变成了一种情怀和精神；姚炜佶，刚刚走出校门，经过几个月的学习和锻炼，现在可以独当一面，获得了一份难得的经历……

作为二青会新闻宣传部其中一个小组，在“队长”侯冰的带领下，加班加点，争分夺秒地工作着。队员们几乎没有因私事请过假，即使生病也从不吭声。4月初的一天，“队长”病了。“和我们正在探讨工

作的侯处突然浑身直冒冷汗，怕有事我们叫了医生，一测心跳居然每分钟超过了130次，但她只是简单地休息了一下又开始工作了。为了不让我们担心，她直说：‘我没事，我是运动员出身，身体底子好！’后来我们才知道，其实她病了很长一段时间，只是怕落下工作不愿意休息。”赵静说到此处，眼眶不禁红了。

“妈妈你真厉害，竟然押对了考试题！”

没有双休日，工作时间不固定，凌晨2点讨论工作，6点起床继续工作，这是他们10人的工作常态。

“这一年来就没想过其他的，目标很简单，就是把二青会工作完成好！”新闻宣传部就是要服务好媒体，做好宣传工作。

“刚开始参与二青会的工作，还没什么感觉，”赵静说，“前几天孩子期末考试，班主任老师突然让我过去给同学们讲讲二青会的相关知识，结果考试时候，好几个年级的考题都涉及了二青会的吉祥物、会徽等知识。”孩子回来兴奋地抱着她说：“妈妈，原来你做的是这样的工作啊！你太厉害了，居然押对题了，期末考试考的内容就是二青会。”赵静欣慰地说：“当时那种骄傲和自豪感油然而生，从最初不熟悉二青会，到现在得到肯定，我们觉得自己的工作很有价值。”

全民支持很欣慰　期待“后二青”时代

赵静说，其实不是她押对了题，是全民对二青会的关注度高。“出题老师知道这是我们的事，是全省的大事！”

考试是对孩子们的知识普及，孩子兴奋的表情是对二青会最真挚的期盼；而公园里、街道旁树立的各种二青会相关雕塑，则是各行各业努力参与的体现。

“走在公园里，几位跳广场舞的人起了争执，旁边的人会劝架说：‘别这样吵架，有力气咱们为建设太原加把劲，为二青会出力去！’”

二青会的影响逐渐凸显，了解运动的人、参与运动的人越来越多，水上运动中心的建立，滨河体育中心的改造升级……不仅极大地提高了我省竞技运动场馆的“硬实力”，未来，它们还将成为群众运动的载体；临街单位公厕开放，移动厕所的投入使用，这些也会极大方便市民。“这就是一项体育运动赛事带给城市的变化，可以说是方方面面。”

“越临近赛事，我们越忙碌！”为了提高工作效率，深夜开视频会议成为他们经常用的办法。“离二青会还有不到 30 天，我们从始至终经历了很多，付出了很多，内心特别希望这件事有完美的结果。”赵静深情地说。

参与二青会组委会工作以来，这群年轻人一边工作，一边思考和总结，结合自己的本职工作，有了很多感触和想法。赵静、温宏君、白小波撰写的论文还入选了《山西体育文化丛书》中的一卷。他们不仅参与着二青会，还关注着“后二青会”。“二青会带给了我们太多太多的东西。”

高慧娟　李良亮

二青会火炬塔设计总监黄凯和他的团队

“能参与二青会火炬塔设计，是我们团队的荣耀，也是我们的责任！”7月28日下午5点多，刚从北京出差回来的二青会火炬塔设计总监黄凯，一出高铁站就匆匆赶到山西大学美术学院雕塑室与记者见了一面。晚上7点多他还要赶往火炬塔施工现场，参与中央电视台的前期灯光调试，为开幕式做准备。从2019年4月开始接手火炬塔设计以来，他已记不清多少次这样匆忙地出了高铁站、机场就赶往施工现场。

黄凯是山西大学美术学院雕塑系教师、山西省雕塑家协会副秘书长，也是二青会火炬塔设计总监。近年来，他的雕塑作品屡获大奖，也曾参与不少城市的公共艺术设计，但令他感触最深的还是这次二青会的火炬塔设计。“这样的机会，人生可能只有一次，我们要倍加珍惜。”他说，这也是仲丛惠老师和其他团队成员的共同看法。

更为可贵的是，他和团队关于二青会火炬塔的所有设计都无偿捐赠给了二青会。在他和团队的共同努力下，二青会火炬塔实现了由山西大学美术学院、山西省雕塑家协会共同设计，太原钢铁集团有限公司、深圳博大建设集团共同捐赠建设。这在全国甚至全世界可能都不多见。

目前，在山西体育中心东北角，二青会火炬塔已基本完工。8月8日开幕式上，它将作为主火炬，被圣火点燃，给我们带来惊艳。在保留期待的同时，黄凯也尽可能地为我们介绍了关于火炬塔设计和建造的一些故事。

科技之塔

“设计可以天马行空，建造必须脚踏实地。”作为火炬塔的设计总监，黄凯要将自己的设计理念和想法尽可能呈现出来，就必须依靠团队的通力协作。他的设计团队主要包括主结构设计、二次结构设计、动画设计、LED屏设计、点火系统设计和其他相关设计等多个分项设计。“都得交给最专业的人才放心。”他说。

为了更直观地呈现他所设想的火炬塔的形象，黄凯完全按照1∶40做了一个一米多高的小火炬塔摆在了施工现场，供大家参照。为确保施工效果，从动工第一天起他就几乎天天在工地盯着，指导、协助、监理施工。

“所有项目中，难度最大的是LED屏的呈现设计。”黄凯告诉记者，二青会火炬塔高40米、700多平方米的LED屏可能是目前全国乃至世界上最大的单体LED屏；和常见的平面一体拼接不同，火炬塔LED屏的每一层屏的大小都不一样；火炬塔的造型决定了LED屏必然有弧度、曲度，每层的错位垒叠排列都需要特殊的描点技术，这些都需要厂家专门设计研发；火炬塔还必须考虑防雨、防风、防雷、防热、防火等因素，以确保万无一失……可以说，这是一座充满技术含量的科技之塔。

此外，为了更好地呈现视觉效果，黄凯和团队还需要专门测算LED屏昼夜不同时段的亮度，晚上可能20—30%就可以，中午亮度可能要增加一倍。还有如何确保燃烧的火焰是蓝色而不是红色，如何确保点火效果还要节能，这些都需要仔细考虑和专门研究。

效率之塔

开幕式上，点火仪式备受瞩目，作为火炬塔的设计总监，许多困难和情况黄凯都要心中有数，但对工期他一开始真的心里没底。

2019年4月初，因为一些临时的变故，黄凯临危受命，开始组建团队，接手二青会主火炬塔的设计任务。

4 月 20 日，他们的初步设计方案通过了相关领导和专家的评审，得到批准。在汇报会上，山西大学美术学院雕塑系仲丛惠老师带领的造型设计团队，很好地完成了火炬塔设计效果的呈现，给与会专家留下了深刻的印象，成为总体方案获得通过的关键。

在山西省体育局、山西省体育中心、山西大学美术学院、山西省雕塑家协会等单位领导和同事的大力支持下，经过 20 多天的努力和高效协作，5 月 9 日，他们基本完成了总体方案的设计深化和基础深化。在五月的勃勃春意中，火炬塔总算破土动工。因为工期紧迫，大家只能边设计、边修改、边施工。

7 月 19 日，经过两个月紧张的施工和各方的通力合作，火炬塔基本完工，首次揭开神秘的面纱，呈现在山西体育中心东北角，与“红灯笼”交相辉映，成为太原重要的地标建筑之一。媒体竞相报道，不少市民还专程前往参观留念。

火炬塔的设计施工一般都需要至少两年的时间，但这次从接手设计到竣工使用，黄凯和他的团队只能有 100 多天的时间。重任在肩，他们只能尽量提高效率往前赶。如今，火炬塔已基本完工，进入最后调试阶段，他总算是松了口气。

近日，火炬塔已陆续开始进入点火测试和灯光测试阶段，融入开幕式紧张有序的彩排工作之中。

荣誉之塔

据了解，由山西大学美术学院、山西省雕塑家协会联合设计的二青会火炬塔，造型主要取自山西的旺火传统民俗。生旺火在我国北方地区历史悠久，每年春节期间，旺火点燃后熊熊燃烧，火势旺盛，取其意叫旺火，预示着一年都兴旺好运。二青会火炬塔总高 40 米，主体为钢架结构，外立面为 LED 显示屏，LED 屏幕呈块状叠垒状态，形如切割整齐的煤块垒砌成塔状，旺火点燃之后，红红的火苗会从大大小小的孔洞中喷涌而出，红光耀眼，真假火苗交相辉映、融为一体，辉煌壮观。

“二青会是山西最大的体育盛会，也是展示山西形象的舞台，能为二青会的举办做一点自己的贡献，这是我们的荣耀和责任。”黄凯表示，“这也是所有山西人和山西企业的荣耀和责任，为了更好地展示山西形象，火炬塔建造需要的产品和技术都尽可能选自本土企业，我们的本土化率达到了80%以上。”他告诉记者，在火炬塔设计建设中，所有相关部门的领导、工作人员，所有参与的企业、单位和个人都非常支持负责，积极主动，这样的凝聚力和向心力，这样的工作热情才是火炬塔能够如期顺利建成的关键。

“还需要特别感谢我们团队的老师和同学们，虽然都知道这是无偿奉献，但大家没有丝毫懈怠，都非常积极认真，富有责任感。”作为主设计师，一个多小时的采访中，黄凯谈得最多的是火炬塔的技术问题以及大家的付出和支持。

“二青会是青年人的盛会，很荣幸以这样的方式参加二青会，虽然我们已不再年轻。”采访临近结束，性格开朗、幽默睿智的黄凯不忘玩笑一番。1979年出生的黄凯，之前也是满头秀发，如今已“绝顶聪明”。

应黄凯老师的要求，这里要特别介绍一下这个优秀的团队：

设计顾问：山西省雕塑家协会　张卫东　柯秉飞

山西大学美术学院　刘维东　王志俊　冯任军

设计总监：山西大学美术学院　黄凯

造型设计：山西大学美术学院　仲丛惠

设计统筹：李墨

主结构设计：张辉敏

二次结构设计：王建华

动画设计：白世靖

LED屏设计：王宝平

点火系统设计：张建联　韩相忠　严利娜　刘伟　张建锋

吴晓明　张廷贵　李九龙　郭小东

相关设计人员：王禹　张建鹏　郭帅　任晓强　王一　卢书豪

郑锦　李梦妍　郭晨阳　程贺龙

裴云锋

郭向南：用青春讲好山西故事

郭向南，一个“90后”，山西人民出版社的青年编辑，也是山西人民出版社当下最年轻的编辑。但他年轻却不简单，他做编辑已经7年，称得上“老”编辑了。7年里，他参与过《近代海外汉学名著丛刊》《社会主义核心价值观农村教育读本》《山西与“一带一路”》《山西庆祝改革开放40周年丛书》等一系列大型出版项目，他笑称自己在努力“用青春讲好山西故事”。

在学校讲山西故事，在工作中更要讲山西故事

郭向南是山西长治人，2008年考入中国人民大学哲学系。在校期间，经常有想到山西旅游的同学找他咨询。那个时候，他才意识到，自己的家乡有太多的故事，作为山西人，得讲好山西故事。这成为他进入出版行业的主要原因。

出版社算不上大众熟知的行业，甚至，很多人以为图书就是印刷厂印出来的，还有很多人以为编辑指的就是报社编辑。而郭向南大学一毕业就毅然回到家乡投身这一行业，这让人不由得好奇。他解释道：“我喜欢读书，临近毕业那会儿本来在一家金融类民企工作，

得知山西出版传媒集团要招人，我想，做一个编辑，能在工作中读书，在工作中宣传家乡，还有比这更好的工作吗？你说我能不回来吗？”

运动、运动会和出版

每一个想讲好山西故事的人，都不想错过第二届全国青年运动会这个盛事。在全省上下为了二青会奋力拼搏、积极筹备时，郭向南所在的编辑部也开始策划相关的选题。正在这时，他们得知山西省体育局已经开始编撰《山西体育文化丛书》。于是，双方取得联系，加上相关设计人员，《山西体育文化丛书》的核心团队就此形成。

郭向南说，他与山西省体育局颇有渊源。刚到太原的两年里，他就一直租住在山西省体育场的宿舍里，每天到体育场跑步，还经常和体育局的一些朋友打乒乓球。他说：“大部分年轻人应该天然地喜欢运动。人不运动枉少年嘛！”郭向南做到了言行合一，他跑步、打球、骑行、爬山、游泳，不放弃任何一个“挥汗如雨”的机会。

他说，2008 年入学的时候错过了北京奥运会（奥运会 8 月举行，大学 9 月开学），如今赶上了全国青年运动会，还是在家乡山西举办，他表示绝不放过这次机会，一定要贡献一份力量。在《山西体育文化丛书》编写过程中，郭向南等编辑提前参与、全程协助、全力推进，比如这本书的书名就是他

们提前参与，给出意见（他们建议书名为《我们的青运会》），最终由作者团队采纳。

这套丛书包括诗歌、画册、论文、专访等多种体裁，涉及历史、文化、艺术、体育等多个领域。为了更好、更快地完成出版，山西人民出版社组建了强大的编辑团队。其中，郭向南负责丛书的统筹、与作者联系，以及具体责编《三晋体育诗赞》。

因为郭向南平时也写诗，所以由他负责《三晋体育诗赞》。最后，他用一首诗向二青会送上美好的祝愿：

笔墨千行书古今，
青春逐梦志凌云。
九州豪气聚三晋，
表里山河意更新。

许　倩

李文辉：设计“盛世宝鼎”底座，为二青会留下永恒记忆

“注意每个细节，不能有一点瑕疵，做不好丢的是咱山西的脸。”7月28日下午4点，三伏天的太阳毒辣辣地炙烤着大地，滚滚热浪袭人。山西省体育中心南门口，山西同辉雕塑设计有限公司董事长李文辉带着工人们正在为“盛世宝鼎”底座建设赶着最后的工期，底座上“青运记忆、盛世宝鼎”几个字在阳光照耀下熠熠生辉。

从事雕塑设计20多年的李文辉，有一个二青梦想：为二青会设计一座雕塑，永恒地立于太原市地标，把青运盛会的辉煌代代相传。

从2018年到2019年，经历了多次设计比稿，她终于离梦想越来越近。

“机会只留给准备好的人”

“宝鼎基座高度2019毫米，寓意2019年举办中华人民共和国第二届青年运动会，19暗合一言九鼎；长度70厘米，寓意新中国成立70周年；宽度41分米，寓意改革开放41周年。基座正面雕刻‘青运记忆、盛世宝鼎’8个小篆大字说明主题；背后铭文，以示此鼎的来源；两侧为青松浮雕图案，寓意体育事业长青，蓬勃发展。”在热火朝天的建设现场，李文辉眉飞色舞地介绍着她的设计理念。

7月22日，对于李文辉是难忘的一天。上午她接到山西省体育局打来的电话，让过去一趟。原来，一位叫张中正的民营企业家为二青会捐赠了一个价值1500万元的盛世宝鼎，山西省体育局请几家设计公司设计制作一个底座，工期10天。

这已经是李文辉团队第 4 次参与二青会相关设计比稿了。她清楚地记得，第一次是为太原旅游职业学院体育馆，也就是二青会排球场馆设计雕塑，他们花了几个月心血设计的作品入围了，但最终略逊于深圳一家设计公司；第二次是为青运村的大门做设计，当时是春节假期，他们放弃休息出了 10 套方案，作品同样入围，但最终还是落选；第三次是为全省 78 个二青会场馆设计文化墙，他们设计的作品获选了，但目前还没有落地。

虽然比稿屡战屡败，但李文辉的斗志更加昂扬："这次是最后的机会了，如果选不上，我们就真的与二青会失之交臂了。"李文辉给设计师们打气。她有个"执念"：一定要为二青会在太原留下永恒记忆。

"这次能够从几家设计公司中脱颖而出，我其实很惊讶，不过总算幸运地抓住了二青会的尾巴。"李文辉感慨道，由于她憋着一股劲奋战二青会设计，一年里公司没接多少活儿，部分员工颇有微词，这下总算能给并肩作战一年多的同事们一个交代了。

李文辉口中的意外之喜，在山西省体育局科教处处长侯冰看来是水到渠成的事儿："机会只留给准备好的人，付出总有回报。"

"梅花香自苦寒来"

文化工程是一件十分严肃的工作，草率不得。开工前，李文辉给工人们开了动员会："你们看看这是什么位置，山西省体育中心，太原市的地标，我们必须保证万无一失，不能有丝毫懈怠。"

这些话，李文辉既是说给工人们听，也是说给自己听的。她还记得第一次在山西省体育局参会时，了解到 2019 年二青会创造的"三个之最"：一是项目设置最多，49 个大项、1868 个小项，参赛规模接近 2.8 万人，超过以往的综合性运动会；二是比赛时间最长，从 2019 年 1 月 14 日一直延续到 8 月 18 日，时间跨度之久将创历届综合性运动会之最；三是项目布局最广，分布在全国 16 个省份。

"我当时就心潮澎湃，作为一名山西本土的设计师，能参与这次大型赛事，将是一生的荣耀。”接到任务的短暂惊喜过后，7 月 25 日，李文辉立即抽调精干力量，迅速投入紧张的工程建设中。

“昨天宝鼎到位，最煎熬了，好在大家齐心协力护鼎平安落成，明后天一期工程就要竣工了。”当日最高气温达 38℃，烈日灼灼，石材像火烤一般烫手，但为了赶工期，工人们依然顶着酷暑高温作业，认真完成着这项神圣的使命。李文辉不时搭把手，督促进展，协调各方，脸被晒得通红，但越干心里越踏实。

考虑到时间和进度，一期工程底座用的是黑金沙石材，内部钢架，回纹和字雕刻描金，预计国庆左右会完成二期工程，到时候底座换成铸铜材质，更显稳重大气。

再回首，之前的几次失败在李文辉眼中都是积淀，厚积而薄发，“梅花香自苦寒来”。

“文化是一座城市的记忆”

二青会期间，除了宝鼎底座，李文辉团队还参与了青运村文化展示中心特许产品的设计制作。

他们结合 12 岁—19 岁运动员的年龄特征，以传统文化为底色，以宣传体育精神为核心，历时几个月，原创出二青会非物质文化遗产——DIY 木版画（“一定赢”“好运到”）套盒，还用珍贵的玉土烧制出晶莹剔透的山西伴手礼“晋善晋美”杯等。特别是快消品 LED 亮灯小风扇，当扇叶转动时，上面轮番闪烁“喜迎祖国 70 华诞”“盛世中国 盛会青运 盛情山西”“青春领跑未来”“闹他 闹他 闹他”，既体现山西特色，又蕴含体育精神，一上线便成为爆款。7 月 23 日，这些文创产品全部入驻二青会青运村青青主题邮局，独特的设计理念，让进店的人念念不忘、口耳相传。

“文化是一座城市的记忆，包括木版画、雕塑等，都有时代的烙印，蕴含着老百姓对美好生活的向往。”李文辉目光笃定，“地上文物看山西，山西祖祖辈辈锻炼出的审美和匠心，储存在山西人骨子里代代相传。

我们应该有文化自信，相信这代人可以把老祖宗留下的传统工艺和文化保护好，传承好，发扬光大。”

田晓丽

专访山西释艺文化交流有限公司董事长张海龙

二青会是山西省历史上第一次举办的大型综合性运动会，于 2019 年 8 月举办，太原市为主赛区，举行开幕式、闭幕式，并承担 60%以上的比赛任务。这次盛会在山西省内引起极大的轰动效应，各体育、艺术团体，企事业单位，大专院校等广泛响应，气氛十分热烈。

7 月 31 日上午，山西释艺文化交流有限公司董事长张海龙在接受新闻采访时表示："二青会是一次契机，也是一次提升。"

在他看来，二青会不但给了选手一个竞技的舞台，也给了山西一个展现地方文化的舞台。二青会是一次向世界展示山西之美、山西之魅的不可多得的机会，这就是契机。抓住这一契机，山西省文化、体育、艺术界就有了一条更为宽广的发展之路。

他还说，二青会对我们各界来说都是一次提升。二青会不但提升了太原的城市形象，提升了山西省的整体形象，也促进了山西各产业、行业的提升。作为文创领域的践行者，山西释艺文化交流有限公司也将趁这次机会，反思自己的创作，对山西文化做深度挖掘，通过对山西文化的再思考，抓住二青会的契机，提升自己的创造力，从而促进行业整体创作水平的提升。

据了解，山西释艺文化交流有限公司创立于 2016 年，致力于对当代艺术家与艺术精品的深入挖掘、重点培养、大力宣传与精品输出。公司创业团队不仅拥有雄厚的艺术背景资源，而且还具有专业艺术市场策划、运营经验。目前，公司已成为在国内艺术界享有广泛盛誉，在山西省内最具成长性的集艺术策展、招商、代理、营销及艺术品衍生、文化创意礼品开发服务的专业艺术运营机构。

本次二青会，山西释艺文化交流有限公司是体育美展承办单位之一，其主要工作是：倒计时牌设计；各地赛场形象雕塑设计；主新闻中心形象墙设计。张海龙说，这些工作都是展示性的，因此必须做好。同时，他相信，御工坊一定能做好，做得比以往更好，成为二青会上浓墨重彩的一笔。

关俊龙

AR 扫描使用说明

本书采用最新的 AR 技术，读者可以通过 AR 扫描观看视频。

直接扫描二维码，关注公众号“太原晚报”或打开微信，搜索公众号“太原晚报（tywanbao）”加关注。

点击菜单栏中最右侧的 AR 扫描，对准带有 AR 标志的图片扫一扫，即可欣赏精彩视频。